LESEVERSTEHEN

1.–4. Klasse

Ulrike Debes
Manfred Hahn

STARK

Bildnachweis
Alle farbigen Zeichnungen: Katrin Merle
S. 14: © Ka_ru/Dreamstime.com
S. 17: © Jon Wisbey/sxc.hu
S. 28/29: Redaktion Stark Verlag
S. 31: © bazil/sxc.hu
S. 46: Kätzchen: © Yoyoshot/Dreamstime.com; Esel: © Isselee/Dreamstime.com; Katze: © Robyn Glover/Dreamstime.com; Rottweiler: © Leandro Gomes Moreira/sxc.hu; Welpe: © Isselee/Dreamstime.com.com
S. 47: © Isselee/Dreamstime.com
S. 48: Löwe: © Isselee/Dreamstime.com; Giraffe: © Kamensky/Dreamstime.com; Papagei: © Christian Musat/Dreamstime.com
S. 49: © Isselee – Fotolia.com
S. 59: Frau füttert Kalb: © Bundesarchiv, Bild 183-56607-0004, Foto: Quaschinsky, Hans-Günter, 4. Juli 1958, CC BY-SA 3.0 DE; Bauer beim Pflügen: © Bundesarchiv, Bild 183-T0802-505, Foto: Krueger, Erich O., 1957, CC BY-SA 3.0 DE
S. 61: Heu machen: © Shcheglov/Dreamstime.com; Melken mit Maschinen: © Liany Cavalaro/sxc.hu; Traktor pflügt: © Wiggins, Raymond/sxc.hu; Heu aufladen: © Bundesarchiv, Bild 183-15167-0003, Foto: Mammsch, 20. Juni 1952, CC BY-SA 3.0 DE; Sensen: © Bundesarchiv, Bild 183-40790-0001, Foto: Weiß, 13. August 1956, CC BY-SA 3.0 DE; Pferde im Pflug: © Bundesarchiv, Bild 183-15423-0002, Foto: Biscan, 8. Juli 1952, CC BY-SA 3.0 DE; Frau melkt: © Bundesarchiv, Bild 183-46167-0005, Foto: Zimmermann, Peter, 27. April 1957, CC BY-SA 3.0 DE; Mähdrescher: © Foto: Markus Hagenlocher/Wikimedia, CC BY-SA 3.0 DE
S. 86: © Davide Guglielmo/www.sxc.hu
S. 89: Skifahrer: © Wolfgang Amri/Dreamstime.com; Schlucht: © Kushnirov Avraham/Dreamstime.com; Tennisspieler: © Galina Barskaya/Dreamstime.com
S. 94: © Isselee/Dreamstime.com
S. 97: Galaxis: © NASA; Küste: © Claude Coquilleau/Dreamstime.com; Golden Gate Bridge: © Perlentaucher/Dreamstime.com; Hand mit Stift: © Kristian Peetz – Fotolia.com; Wüste: Foto: Fast/Wikimedia, CC BY-SA 3.0 DE; Legionäre: © Sue Colvil/ Dreamstime.com; Strand: © Elena Elisseeva/Dreamstime.com; Fußballspiel: © Jan Kranendonk/Dreamstime.com; Samurai: © Midou3/Dreamstime.com; Dinosaurier: © Furzyk73/Dreamstime.com; Krankenwagen: © Haak78/Dreamstime.com; Taucher: © Bucca Pino/Dreamstime.com
S. 102: © Kessu1/Dreamstime.com
S. 122: Bahn: © Deutsche Bahn AG/Jürgen Hörstel; Wolken: © Robby J. Michie of Australia/sxc.hu; Sonnenuntergang: © Rinske Blok/sxc.hu; Flugzeug: © Don Cook/sxc.hu
S. 123: Felsküste: © Liana Bitoli/sxc.hu; Schiff: © Phil Kelsch/sxc.hu; Papagei: © Robin LLATSER – Fotolia.com
S. 125: © ExQuisine – Fotolia.com
S. 126: © Tony Campbell – Fotolia.com
S. 128: © Thomas Riehle/mfi Essen
S. 130: © neckermann.de GmbH
S. 131: © Suprijono Suharjoto/Dreamstime.com
S. 136: Mozart: Gemälde von Barbara Krafft (1764-1825); Vivaldi: Gemälde von François Morellon de La Cave (1696-1768)
S. 137: Smetana: Gemälde von Geskel Saloman (1824-1864), 1854; Saint-Saëns: © getty images/Hulton Archive
S. 139: © Rade Saptovic/sxc.hu
S. 144: © Pascal Reusch/Wikimedia, CC BY-SA 3.0 De

www.stark-verlag.de

Inhalt

Lesen – 1. Klasse

Lesen – 2. Klasse

Lesen – 3. Klasse

Lesen – 4. Klasse

Autoren: Ulrike Debes (1. Klasse), Manfred Hahn (2./3./4. Klasse)

Vorwort

Liebe Eltern,

mit diesem Buch kann Ihr Kind das **Lesen** von der **1. bis zur 4. Klasse** üben. Das Buch ist in vier Teile gegliedert, sodass Sie schnell die Leseübungen zur passenden Jahrgangsstufe finden. Es bietet sich außerdem an, Aufgaben aus anderen Klassenstufen zu bearbeiten, z. B. um etwas zu wiederholen oder sich an anspruchsvolleren Aufgaben auszuprobieren.

In allen vier Teilen gibt es farbig hinterlegte **Tippseiten**, die wertvolle Hinweise und kreative Ideen zum Üben liefern. Gelbe **Tippzettel** helfen an kniffligen Stellen weiter und **Knobelaufgaben** regen zum Nachdenken an. Im herausnehmbaren **Lösungsheft** finden Sie außerdem kindgerechte Lösungen zur leichteren Kontrolle.

Wir wünschen Ihrem Kind viel Erfolg beim Lesen.

Ulrike Debes   Manfred Hahn

Lesen 1. Klasse – Tipps zum Üben

Im diesem Teil des Buches trainiert Ihr Kind zusammen mit Anna und Leon die ersten grundlegenden Lesefertigkeiten. Es bietet sich an, mit dem Training zu beginnen, wenn das Kind bereits die wichtigsten Buchstaben kennt und einfache Wörter lesen kann. Zunächst wird das Lesen von Wörtern und Sätzen geübt. Anschließend lernt das Kind verschiedene Textarten (z. B. Gedicht, Sachtext) kennen und trainiert das sinnerfassende Lesen. Sie können Ihr Kind als Eltern beim Lesen lernen unterstützen.

Zum Lesen motivieren

- Seien Sie Vorbild und lesen Sie. So verinnerlicht Ihr Kind von Anfang an, dass Lesen Spaß macht und wichtig ist.
- Lesen Sie Ihrem Kind vor und lesen Sie gemeinsam Bilderbücher.
- Lautes Lesen ist gerade am Anfang wichtig. Im Wechsel mit Ihnen macht es Ihrem Kind sicherlich noch mehr Spaß.
- Auch kurze Nachrichten am Kühlschrank motivieren zum Lesen.
- Draußen findet man auch jede Menge Gelegenheiten zum Lesen: Wie heißt die Bäckerei nebenan? Und was steht auf der Verpackung der Lieblingskekse?

Wörter lesen

- Am Anfang sollte Ihr Kind einfache, kurze Wörter lesen. Dafür eignen sich v. a. lauttreue Wörter, also Wörter, die so geschrieben werden, wie man sie spricht, z. B. *Hase*.
- Lange Wörter lassen sich leichter lesen, wenn man sie in Silben zerlegt und klatscht.

Sätze und einfache Texte lesen

- Für Erstleser eignen sich vielfältige Textarten: Texte aus Bilderbüchern, Kinderwitze, Kurzgedichte mit Reimen, Comics usw.
- Auch Postkarten oder E-Mails von Verwandten regen zum Lesen an.

Anna und Leon

Das ist Leon.

Das ist Anna.

Sie malen ein Bild.
Sie malen eine Nase.
Sie malen einen Mund.
Sie malen zwei Augen.
Sie malen zwei Ohren.

1 Kannst du dieses Bild malen?

Lies den Text und male das Bild wie beschrieben aus.

Der Hund trägt ein rotes Tuch.
Er spielt mit einem gelben Ball.
Sein Fell ist weiß mit schwarzen Punkten.
Der Himmel ist blau. Die Wiese ist grün.

2 Was ist falsch?

Lies genau und streiche das falsche Wort durch.

Anna und ~~Luis~~ malen ein Bild.

Anna und Leon malen eine Hose.

Anna und Leon malen drei Ohren.

Anna und Leon malen ein Auto.

3 Kennst du Anna und Leon?

Kreuze die richtige Antwort an.

Welche Farbe haben die Haare von Anna?

- ☐ blond
- ☐ braun
- ☐ schwarz

Was hat Leon in der Hand?

- ☐ einen Pinsel
- ☐ einen Stift
- ☐ einen Hammer

Wie ist Leons Pulli?

- ☐ grün
- ☐ gestreift
- ☐ gemustert

4 Was haben Anna und Leon an?

Lies den Text und male das Bild fertig.

Anna hat eine grüne Hose an.
Ihr Pullover ist gelb.
In der Hand hält sie einen Stift.
Ihre Schuhe sind rot.

Leon hat eine blaue Hose an.
Sein Pullover ist rot gestreift.
In der Hand hält er einen Pinsel.
Seine Schuhe sind braun.

5 Wer sitzt denn da?

Anna und Leon kommen in die Schule.
Sie gehen in die erste Klasse.
Ihr Klassenlehrer heißt Herr Wagner.
Anna und Leon sitzen an einem Tisch. Sie sind Freunde.

Das ist das Klassenzimmer der 1 b:

Anna liest die Namen der Kinder, aber einige Buchstaben sind verschmiert. Ergänze die Namensschilder.

J ☐ LIUS

☐ ETER

M ☐ RIA

ELIA ☐

S ☐ PHIE

A ☐ TON

6 Kannst du Anna helfen?

Anna lernt lesen: Sie malt unter alle Silben Silbenbögen und liest dann den Text laut vor.
Mache es auch so.

Die Schule beginnt am Morgen mit dem Stuhlkreis.

Heute leitet Leon den Stuhlkreis.

Die Kinder reden im Stuhlkreis über wichtige Sachen.

7 Was ist in der Tasche?

Ergänze den fehlenden Buchstaben in den Wörtern.

STIF ☐ E

☐ ADIERGUMMI

MÜNZ ☐ N

APF ☐ L

B ☐ CH

HEF ☐ E

Der Herbst ist da!

Anna stellt Leon ein Rätsel:

Der Igel ist auf einem Blatt,
das wie die Hand fünf Finger hat
auf einem Baum,
du glaubst es kaum.

Der kleine Igel, stachelspitz,
fiel auf den Kopf dem kleinen Fritz
von seiner Mütze
in die Pfütze.

Da war es mit dem Igel aus.
Er platzte – und was kam heraus?
Mit einem Hops
ein brauner Mops.

8 **Leon möchte alles ganz genau wissen.**
Kreuze die richtige Antwort an.

Wo sitzt der Igel?

- ☐ auf einem Haus
- ☐ auf einem Auto
- ☐ auf einem Baum

Wohin fällt der Igel?

- ☐ auf den Kopf von Fritz
- ☐ auf das Bein von Fritz
- ☐ auf den Fuß von Fritz

Was kommt aus dem Igel heraus?

- ☐ ein grüner Mops
- ☐ ein brauner Mops
- ☐ ein schwarzer Mops

9 Das Herbsträtsel

Beantworte die Fragen und trage die Buchstaben aus den grauen Kästen nacheinander in den Lösungskasten ein.

Was reimt sich in dem Gedicht auf Baum?

Wie ist der kleine Igel? Er ist ...

			C	H							

Wo hinein fällt der Igel?

I			D				P	F				

Schreibe die Buchstaben aus den grauen Kästchen der Reihe nach in den Lösungskasten.

10 Ich gehe mit meiner Laterne

In der Schule basteln die Kinder Laternen.
Anna malt ein schwarzes Pferd.
Leon malt eine Sonne, einen Mond und fünf Sterne.
Anna und Leon malen sehr schön!
Die Kinder schneiden die Teile aus und kleben sie auf buntes Papier.
Am Abend laufen sie durch die Straßen.
Sie singen ein Lied:

10 Was stimmt?

Kreuze alles an, was richtig ist.

☐ Die Kinder basteln Laternen.

☐ Leon malt einen Ritter.

☐ Anna und Leon malen sehr schlecht!

☐ Die Kinder schneiden die Teile aus.

☐ Am Morgen laufen sie durch die Straßen.

☐ Sie singen ein Lied.

11 Wem gehört welche Laterne?

Schreibe den richtigen Namen in die Zeile darunter.

Diese Laterne gehört: ______________

Diese Laterne gehört: ______________

12 Wann ist Laternenumzug?

Kreuze die richtige Antwort an.

- ☐ immer an Weihnachten
- ☐ immer an Ostern
- ☐ am Sankt-Martins-Tag

13 Was passiert wann?

In welcher Reihenfolge kommen die Wörter vor?
Nummeriere.

1. basteln	☐ schneiden	☐ laufen
☐ kleben	☐ singen	☐ malen

14 Das Leben von Sankt Martin

Lies den folgenden Text und beantworte die Fragen.

Vor langer, langer Zeit lebte ein Soldat. Er hieß Martin.
Sein ganzes Geld gab er den Hungrigen und Kranken.
Bald wollte Martin kein Soldat mehr sein.
Er gründete ein Kloster.
Alle mochten Martin.
Die Menschen beschlossen:
„Martin soll Bischof werden!"
Ein Bischof ist ein sehr wichtiger Mann in der Kirche.
Aber Martin wollte nicht Bischof werden.
Er sagte: „Ich bin doch nichts Besonderes!"
Er versteckte sich bei den Gänsen im Stall.
Die Gänse schnatterten laut. Sie verrieten Martin.
So wurde er doch noch Bischof.

Was gründete Martin?

Was ist ein Bischof?

Wo versteckte sich Martin?

Warum haben die Menschen Martin schnell gefunden?

15 Die Geschichte von Sankt Martin

Hier siehst du die Geschichte von Sankt Martin in Bildern.
Beschrifte sie in der richtigen Reihenfolge.

16 Warum wollte Martin nicht Bischof werden?

Kreuze die richtige Antwort an.

- ☐ Bischof sein war Martin zu anstrengend.
- ☐ Martin hatte fürchterliche Angst.
- ☐ Martin war sehr bescheiden.

17 Juchhe – der erste Schnee

Anna schaut aus dem Fenster.
Sie ruft: „Leon, komm! Es hat geschneit!“
Schnell ziehen die Kinder die Stiefel an.
Leon bindet sich den Schal um den Hals.
Anna holt den Schlitten.
Die Kinder laufen auf einen Berg.
Auf dem Schlitten sausen sie den Berg hinunter.
Dann bauen sie einen Schneemann.
Aus drei großen Kugeln formen sie den Körper.
Zwei kleine Kugeln sind die Hände.
„Zwei Kugeln formen wir zu Ohren!“, schlägt Leon vor.
Gleich machen sie sich an die Arbeit.

17 Stimmen die Aussagen?

Kreuze richtig oder falsch an.

	richtig	falsch
Die Kinder laufen auf einen Berg.	☐	☐
Sie bauen einen Schneemann.	☐	☐
Vier Kugeln sind die Hände.	☐	☐
Anna gibt dem Schneemann ihre Mütze.	☐	☐
Anna und Leon fahren Ski.	☐	☐

18 Kennst du den Text genau?

Lies den Text und beantworte die Fragen.

Wer holt den Schlitten?

____

Wohin laufen die Kinder?

- ☐ zum See
- ☐ auf einen Berg
- ☐ nach Hause

Aus wie vielen Kugeln besteht der Schneemann?

- ☐ 3
- ☐ 5
- ☐ 7

19 Was ist hier falsch?

Vergleiche mit dem Text und unterstreiche die sieben falschen Wörter.

Anna fiel aus dem Fenster.

„Leon, komm nicht! Es hat geregnet!“

Langsam ziehen die Kinder die Regenjacken an.

Leon knotet den Schal um den Hals.

Anna holt den Regenschirm.

20 Kennst du diesen Schnee?

Lies die Texte. Verbinde dann sinnvoll wie im Beispiel.

Pappschnee
klebt gut zusammen. Aus ihm kann man sehr gut Schnee-männer bauen.

Schneematsch
besteht aus Schnee und viel Wasser. Beim Drücken tropft das Wasser heraus.

Neuschnee
nennt man den frisch gefallenen Schnee. Er ist nicht älter als drei Tage. Liegt der Schnee länger als drei Tage, nennt man ihn Altschnee.

Pulverschnee
ist ganz trocken. Die Schneeflocken kleben nicht zusammen.

frisch gefallener Schnee	Pappschnee
klebt gut	Schneematsch
tropft Wasser heraus	Neuschnee
ganz trocken	Altschnee
älter als drei Tage	Pulverschnee

21 Was ist das für ein Schnee?

Von welcher Sorte Schnee sprechen Anna und Leon?
Kreuze richtig an.

Leon ruft: „Der Schnee ist fast geschmolzen!“

- ☐ Pulverschnee
- ☐ Neuschnee
- ☐ Schneematsch

Anna sagt: „Es hat wieder geschneit!“

- ☐ Neuschnee
- ☐ Schneematsch
- ☐ Pulverschnee

22 Der wunderbare Schnee!

Leon findet Pappschnee am schönsten. Warum wohl?
Finde im Text von Aufgabe 20 eine Begründung und schreibe sie in die Zeilen.

23 Woraus besteht Schneematsch?

Finde die Textstelle und unterstreiche in Aufgabe 20.

Wir verkleiden uns!

„Heute will ich nicht Anna sein“, sagt Anna.
Sie holt aus einer Kiste einen grünen und einen roten Socken. Sie zieht einen blauen Rock mit Flicken an.
Sie zieht einen rot-weiß gestreiften Pullover an.
Ins Gesicht malt sie sich rote Punkte.
Leon bindet um das rechte Auge eine schwarze Klappe.
Er trägt ein weißes Hemd, einen braunen Gürtel und eine schwarze Hose.
Kennst du diese Kinder?

24 Ich bin verkleidet!

Male die Kostüme wie im Text beschrieben an.

25 Wie sehe ich aus?

Wie sehen Anna und Leon aus? Kreuze an.

Anna sieht aus wie ...

- ☐ eine Fee.
- ☐ eine Prinzessin.
- ☐ eine Hexe.

Leon sieht aus wie ...

- ☐ ein Polizist.
- ☐ ein Pirat.
- ☐ ein Kapitän.

26 Was steht im Text?

Kreuze richtig oder falsch an.

	richtig	falsch
Ein Socken von Anna ist rot.	☐	☐
Der Rock ist grün.	☐	☐
Anna malt sich rosa Punkte ins Gesicht.	☐	☐
Leon trägt um das linke Auge eine Klappe.	☐	☐
Die Klappe ist schwarz.	☐	☐
Leons Hemd ist weiß.	☐	☐
Er trägt eine weiße Hose.	☐	☐

27 Auch die Tiere feiern Karneval!

Lies das Gedicht und unterstreiche alle Tiere, die verkleidet sind.

Känguru und Fledermaus
wollen sich verkleiden.
„Komm, wir tauschen -maus und -ru“,
beraten sich die Beiden.

Das Flederu, die Kängumaus
besuchen im neuen Gewand
die Mainisse, den Hornkäfer,
Eledil und Krokofant.

„Wie wunderbar! Die Farbenpracht!“,
bewundern sie sich alle.
Besonders hübsch in diesem Jahr:
Feuerschwein und Stachelqualle.

Doch ein Tier sagt: „Was für ein Quatsch!
Lasst mich damit in Ruh!
Ich mach nicht mit, ich bleib ich selbst,
das sagt euch euer Gnu.“

28 Kennst du das Wort?

Was bedeutet das Wort „Gewand“?
Finde ein anderes Wort dafür.

29 Wer gehört zusammen?

Verbinde die Tiere, die sich gemeinsam verkleiden.

Känguru	Krokodil
Maikäfer	Stachelschwein
Elefant	Fledermaus
Feuerqualle	Hornisse

30 Was fühlt das Gnu?

Suche dir zwei passende Wörter aus und ergänze die Sätze.

toll langweilig blöd gemein beleidigt hässlich

Alle Tiere finden den Karneval ______.

Nur das Gnu nicht. Das Gnu ist ______.

Jetzt kommt der Frühling

Heute scheint die Sonne. Die Kinder laufen zum Bach.
Sie sehen den kleinen Enten zu.
„Hörst du die Vögel?“, fragt Leon.
Anna schaut zum Baum.
Auf einem Ast baut ein Vogel sein Nest.
Auf der Wiese wachsen die ersten Blumen.
Anna sagt: „Komm, wir machen einen Ausflug!“
Sie gehen zu einem Bauernhof.
Zehn Hühner laufen auf dem Hof herum.
Ein schwarzer Hund bellt.
Der Bauer sagt zu den Kindern:
„Setzt euch ins Gras.
Gleich gibt es Brot und frische Milch.“
Die Kinder freuen sich.

31 Kennst du den Text?

Beantworte die Fragen.

Wohin laufen die Kinder?

Was macht der Vogel?

Welche Idee hat Anna?

Welche Jahreszeit wird in dem Text beschrieben?

32 Findest du den richtigen Satz?

Welcher Satz steht genau so im Text? Kreuze an.

- ☐ Drei Hühner laufen auf dem Hof herum.
- ☐ Zehn Hühner laufen auf der Straße herum.
- ☐ Zehn Hühner laufen auf dem Hof herum.

- ☐ Gleich gibt es Brot und frisches Wasser.
- ☐ Bald gibt es Brot und frische Milch.
- ☐ Gleich gibt es Brot und frische Milch.

33 Was passiert in der Geschichte?

Beantworte die Fragen und kreuze an.

Was macht der Bauer?

- ☐ Er schimpft mit den Kindern.
- ☐ Er spielt mit den Kindern.
- ☐ Er gibt ihnen etwas zu essen.

Wie fühlen sich die Kinder?

- ☐ Sie sind traurig.
- ☐ Sie sind müde.
- ☐ Sie freuen sich.

34 Hier stimmt doch was nicht!

In den Text haben sich Wörter hineingemogelt!
Umkreise die Wörter und schreibe sie der Reihe nach auf.

Endlich die Kinder laufen zum Bach. Sie sehen den kleinen Enten wird zu. „Hörst du die Vögel es?", fragt Leon. Anna schaut zum Baum. Auf einem warm Ast baut ein Vogel sein Nest.

35 Frühlings-Rätsel

Kannst du die Frühlingsrätsel lösen?
Kreise das Bild ein und verbinde mit dem richtigen Rätsel.

Dieses Tier hat keine Füße.

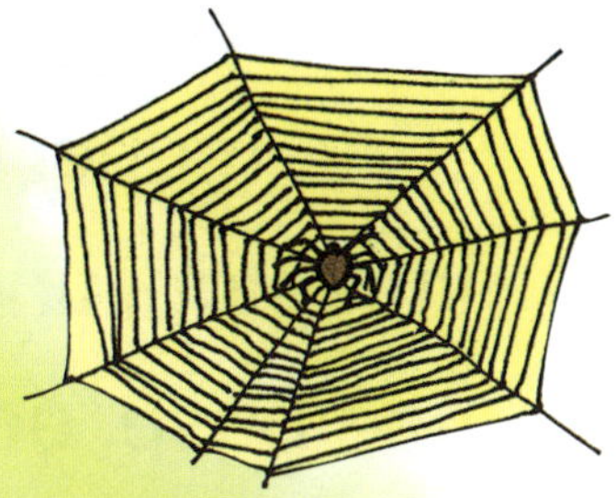

Sie wärmt die Blumen und Tiere.

Dieses Tier wohnt in einem Netz.

Flattert bunt von Blume zu Blume.

Sie sammelt den Honig.

Ein Haus in den Zweigen.

Diese Blume besitzt viele kleine Schirmchen.

Dieses Tier hat schwarze Punkte.

36 Anna und Leon spielen Verstecken

Nach dem Picknick spielen Anna und Leon Verstecken.
Lies den Text und beantworte die Fragen.

Anna zählt aus:
„Ene mene, ming-mang
knieptan, ting-tang
use buse, ackedeier
eier, zweier weg."

Anna darf sich als Erste verstecken.
Leon ist beleidigt. Er wollte sich doch verstecken!
Er sagt: „Ich habe keine Lust mehr!"
Jetzt ist auch Anna beleidigt.

Was wollen Anna und Leon spielen?

Wer muss als Erster suchen?

Warum ist Leon beleidigt?

- ☐ Weil er sich nicht als Erster verstecken darf.
- ☐ Weil er seine Hausaufgaben nicht gemacht hat.
- ☐ Weil er nicht mit Mädchen spielt.

37 Leon zählt aus!

„Ich zähle jetzt aus!“, ruft Leon.
Vergleiche den Abzählreim von Leon mit dem Abzählreim aus Aufgabe 36.
Unterstreiche in dem Abzählreim alle Wörter, die Leon anders gesagt hat.

„Ene mene, mi-ma
knieptan, pi-pa
use buse, ackudeia
aua, zweier weg.“

38 Die Versöhnung

Schnell vertragen sich Anna und Leon wieder.
Welches Bild passt am besten? Kreuze an.

☐ ☐ ☐

Ein Ei steckt voller Wunder

Es ist Ostern. Die Kinder bemalen in der Schule Eier.
„Was muss ein Ei alles können?“, fragt Herr Wagner.
Die Kinder überlegen.
Durch die Schale muss Luft kommen:
Das Küken würde ohne Luft im Ei ersticken.
Die Eierschale muss sehr fest sein:
Beim Brüten darf das Ei nicht kaputt gehen.
Die Eierschale muss aber auch sehr dünn sein:
Das Küken muss die Schale aufpicken können.

Die Kinder machen einen Versuch:

1

Einige Eier werden hart gekocht.

2

Um die Eier wird ein Klebestreifen geklebt.
Dadurch soll der Rand beim Schneiden glatt bleiben.

3

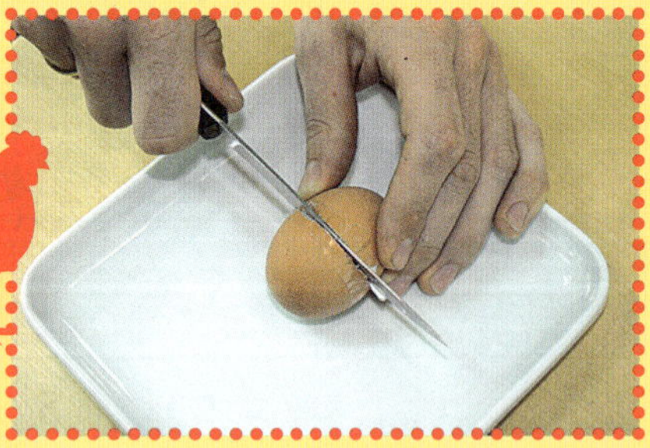

Jetzt wird das Ei in der Mitte durchgeschnitten.
Das macht Herr Wagner.

4

Die Hälften werden ganz ausgelöffelt.

5

Die Schalen werden auf den Tisch gelegt. Nun stapeln die Kinder Bücher auf die Schalen.

„Eierschalen halten aber viel aus!“, ruft Leon.
„Obwohl sie so dünn sind!“, staunt Anna.

39 So ist das also!

Was wollte Herr Wagner mit dem Versuch zeigen? Kreuze an.

- ☐ Was Eierschalen alles aushalten können.
- ☐ Wie schnell Eierschalen kaputt gehen.
- ☐ Warum Eierschalen braun oder weiß sind.

40 Was passt zusammen?

Verbinde zu einem sinnvollen Satz.

Eierschalen sind dünn,	damit die Henne sich auf das Ei setzen kann.
Eierschalen sind fest,	damit das Küken im Ei atmen kann.
Eierschalen lassen Luft hindurch,	weil das Küken die Schale aufpicken muss.

41 Der Eierschalen-Versuch

Lies die Anleitung und male die Bilder dazu.

Zwei Eier kochen.

Die Eier in der Mitte auseinander schneiden.

Die Eier auslöffeln.

Eierschalen mit Büchern beladen.

42 Braune und weiße Eier

Lies den folgenden Text und beantworte die Frage.

„Warum sind eigentlich manche Eier braun und manche weiß?“, fragt Leon.
„Weiße Hühner legen weiße Eier!“, ruft Anna.
„Ganz so einfach ist es nicht“, sagt Herr Wagner.
„Seht euch mal dieses Bild an.

Ein Huhn hat unter dem Schnabel einen Kehllappen und direkt unter dem Ohr eine Ohrscheibe.

Wenn das Ohrläppchen rot ist, legt das Huhn braune Eier. Ist das Ohrläppchen weiß, legt das Huhn weiße Eier.“

Welche Eier wird das abgebildete Huhn wohl legen?

- ☐ Das Huhn legt weiße Eier.
- ☐ Das Huhn legt braune Eier.
- ☐ Das kann man nicht wissen.

Das Seepferdchen

Leon ist aufgeregt.
Er macht heute das „Seepferdchen“.
Der Bademeister wartet schon auf ihn.
Auch Anna will zusehen.
Zuerst muss Leon vom Beckenrand ins Wasser springen.
Dann muss er im großen Becken eine ganze Bahn schwimmen. Der Bademeister wirft einen Ring ins Wasser. Leon taucht. Er tastet mit den Händen nach dem Ring. Er bekommt keine Luft mehr.
Wo ist nur der Ring?
Leon taucht auf. Er schnappt kurz nach Luft.
Sofort ist er wieder unter Wasser.
Anna wartet gespannt. Als Leon endlich auftaucht, hält er den Ring in den Händen.
„Bravo!“, ruft Anna erleichtert. „Du hast es geschafft!“
Der Bademeister sagt: „Herzlichen Glückwunsch, Leon!“
Leon bekommt das Abzeichen. Man kann es auf die Badehose nähen. Leon freut sich. Er ist sehr stolz.
Auch Anna freut sich. Trotzdem ist sie ein wenig ängstlich.
Bald macht auch sie das Seepferdchen.

43 Kennst du den Text?

Beantworte die Fragen.
Kreuze die richtige Antwort an.

Wen trifft Leon?

- ☐ seine Eltern
- ☐ den Bademeister
- ☐ seinen Lehrer

Wonach muss Leon tauchen?

- ☐ nach einem Ball
- ☐ nach einem Ring
- ☐ nach einem Stein

Was will Leon bekommen?

- ☐ das Seepferdchen
- ☐ den Seelöwen
- ☐ das Meerschweinchen

Wohin gehört das Abzeichen?

- ☐ auf die Badehose
- ☐ in den Suppentopf
- ☐ in den Mülleimer

44 Was gehört hier nicht her?

Kreuze das Bild an, das **nicht** in die Geschichte passt.

45 Wichtige Baderegeln

Lies die Baderegeln. Trage die richtige Bildnummer in den Kasten vor der Baderegel ein.

- ☐ Schwimme nicht mit vollem Bauch!
- ☐ Nicht überhitzt ins Wasser gehen!
- ☐ Stoße niemanden ins Wasser!
- ☐ Trockne dich nach dem Baden ab!

1.

2.

3.

4.

Lesen 2. Klasse – Tipps zum Üben

In diesem Teil des Buches baut Ihr Kind seine Lesefertigkeiten aus und lernt weitere Textsorten kennen. Dabei können Sie Ihr Kind unterstützen.

Freude am Lesen entwickeln

- Bieten Sie Ihrem Kind eine anregende Umgebung mit genügend „Lesestoff“: einfache Kinderbücher, Gedichte, Rätsel, Comics, Kinderwitze, kurze Märchen usw.
- Es gibt auch schon für die Kleinen regelmäßig erscheinende Zeitschriften mit einfachen Sachtexten, z. B. „Geomini“.
- Die Internetplattform „Antolin“ (www.antolin.de) motiviert zum Lesen und ist bei vielen Kindern sehr beliebt. Dort finden die Kinder Quizfragen zu ihren Lieblingsbüchern und können Punkte sammeln.

Sinnerfassendes Lesen

- Es ist wichtig, dass Ihr Kind nicht nur flüssig liest, sondern auch den Sinn der Texte versteht.
- Sprechen Sie mit Ihrem Kind über die Texte, die es gelesen hat.
- Lassen Sie Ihr Kind eine Geschichte nacherzählen oder ein Bild dazu malen.

Genaues Lesen

- Auch das genaue Lesen spielt eine wichtige Rolle. Das lässt sich am besten anhand von Sachtexten üben.
- Lesen Sie gemeinsam ein Rezept und markieren Sie die wichtigsten Informationen. Danach darf nach Herzenslust gekocht werden!

Auf ins Schullandheim

Anna und Leon sind Freunde.
Sie gehen gemeinsam in die Schule.
Sie sind in der 2 b.
Ihr Klassenlehrer heißt Herr Wagner.
Herr Wagner erzählt:
„Wir fahren ins Schullandheim!"
„Wir alle? Unsere ganze Klasse?", fragt Leon.
„Sicher!", sagt Herr Wagner.
„Wir alle zusammen!"
Die Kinder jubeln. Sie sind sehr aufgeregt. Es gibt viel zu besprechen.
Dann ist Pause. Anna, Leon und alle Kinder der 2 b rennen auf den Pausenhof.
Es ist ein schöner Herbsttag.
Die ersten Blätter fallen schon von den Bäumen. Anna und Leon springen zur Rutsche. Anna schlägt vor, Verstecken zu spielen.
„Da mache ich mit!", ruft Anton.
Er geht auch in die 2 b. Leon sucht als Erster. Er zählt mit geschlossenen Augen.
Dann schaut er sich um.
Anton und Anna sind verschwunden.
Leon beginnt zu suchen …

46 Wie war das noch einmal?

Vergleiche mit dem Text „Auf ins Schullandheim“ und kreuze die richtigen Sätze an.

- ☐ Sie sind gemeinsam in der Schule.
- ☐ Sie laufen gemeinsam in die Schule.
- ☐ Sie gehen gemeinsam in die Schule.
- ☐ Sie gehen zusammen in die Schule.

- ☐ Es gibt wenig zu besprechen.
- ☐ Es gibt viel zu sagen.
- ☐ Es wird viel besprochen.
- ☐ Es gibt viel zu besprechen.

- ☐ Die letzten Blätter fallen schon von den Bäumen.
- ☐ Die ersten Blätter fallen schon von den Bäumen.
- ☐ Die ersten Blätter fallen schon von den Sträuchern.
- ☐ Die ersten Blätter fallen bald von den Bäumen.

- ☐ Anna schlägt vor, Verstecken zu spielen.
- ☐ Leon schlägt vor, Verstecken zu spielen.
- ☐ Leon schlägt vor, Fangen zu spielen.
- ☐ Anna schlägt vor, Verreisen zu spielen.

47 **Wer versteckt sich wo?**

Lies den Text genau.

a Zeichne ein, wo sich Anna am Schluss versteckt.

b Male den Weg von Anton nach. Der Weg beginnt bei Leon.

Anna versteckt sich hinter dem Mülleimer, Anton unter der Rutsche.
Anna überlegt es sich anders. Sie rennt zu Anton und hockt sich neben ihn.
Anton findet es jetzt zu eng unter der Rutsche. Er flitzt zum Busch.
Leider ist er durch die Blätter gut zu erkennen.
„Spielt ihr Verstecken?", fragt ein Mädchen neugierig.
Anton nickt.
„Dann verstecke dich doch im Baum. Da kann man leicht hochklettern!"
Gute Idee, findet Anton. Er schafft es gerade noch, bevor Leon mit Zählen fertig ist.
Anna ist wieder zu ihrem ersten Versteck zurückgekehrt.

Die Fahrt geht los

Anna und Leon stehen vor der Schule. Ihre Eltern sind auch dabei.
Heute fährt die Klasse 2 b ins Schullandheim!
„Da kommt der Bus!", ruft Leon.
Er zwickt Anna vor Aufregung in den Arm.
Als Anna den Bus sieht, spürt sie einen Stich im Bauch.
„Schau mal, Anna!", sagt ihre Mutter leise.
Sie gibt Anna einen Stoffhasen. Es ist Annas Lieblingshase.
„Du bist die beste Mama der Welt! Wenn ich Heimweh bekomme, kann mich Kalle Hase trösten!", sagt Anna und lächelt.

Im Bus will jeder den besten Platz bekommen – natürlich vorne beim Busfahrer. Als endlich alle sitzen, kann es losgehen. Die Kinder singen Lieder und spielen Spiele. Trotzdem will die Fahrt kein Ende nehmen!

Jetzt kommen sie beim Schullandheim an. Es ist ein wunderschöner alter Bauernhof. Anna und Mia entdecken einen Stall. In dem Stall steht ein kleiner Esel. Die Mädchen sind begeistert! Leon freut sich am meisten über die Spielscheune. In der Spielscheune stehen eine Tischtennisplatte und ein Kicker. Anton sieht auf der Wiese neben dem Hof zwei Fußballtore.
„Hurra!", ruft er und sucht sofort nach einem Ball.

Plötzlich ertönt ein lauter Pfiff. Leon, Anna, Mia und Anton schauen sich um.
„Wir treffen uns im Speisesaal!", ruft Herr Wagner.
„Sagt bitte auch allen anderen Bescheid! Es gibt gleich Mittagessen!"

48 Wie ist der Text aufgebaut?

Der Text „Die Fahrt geht los“ ist in vier Abschnitte eingeteilt.
Kreuze die Sätze an, die zum genannten Abschnitt gehören.

Zum 1. Abschnitt gehört:

- ☐ … spürt sie einen Stich im Bauch.
- ☐ … macht sie das recht froh.
- ☐ … hatte sie keine Lust.

Zum 2. Abschnitt gehört:

- ☐ … singen Lieder und spielen Spiele.
- ☐ … machen allerhand Blödsinn.
- ☐ … haben den Eltern einen Brief geschrieben.

Zum 3. Abschnitt gehört:

- ☐ … mit vielen Zinnen und Türmen.
- ☐ … hat uns auch ganz gut gefallen.
- ☐ … sucht sofort nach einem Ball.

Zum 4. Abschnitt gehört:

- ☐ … schauen sich um.
- ☐ … wollen jetzt wirklich nach Hause!
- ☐ … haben keine Angst mehr.

49 Die Postkarten nach Hause

Am Abend wird es etwas ruhiger im Schullandheim. Anna, Leon und Anton schreiben ihre ersten Briefe und Postkarten nach Hause.
Wer hat welchen Brief geschrieben? Schreibe den richtigen Namen in die Zeile.

Liebe Mama, lieber Papa!
Die Fahrt hierher war sehr lustig! Anton und ich haben uns selbst Rätsel ausgedacht und sie den anderen Kindern gestellt. Irgendwann wurde uns aber doch langweilig. Wir waren froh, als wir angekommen sind. Stellt euch vor, hier wohnt ein Esel! Ich hoffe, wir dürfen bald einmal reiten.
Küsse auch von Kalle Hase!

Lieber Opa, liebe Oma!
Ich schreibe euch gleich heute, denn morgen will ich Tante Klara schreiben und übermorgen Mama und Papa. Hier im Schullandheim ist es prima! Es gibt eine Wiese zum Fußballspielen! Liebe Oma! Wenn ich nach Hause komme, musst du in meiner Hose ein Loch stopfen.
Bis bald!

Liebe Mama!
Das Schullandheim ist toll! Es gibt einen Esel, darüber haben sich natürlich die Mädchen am meisten gefreut. Ich muss aufhören zu schreiben. Gleich spiele ich mit Anton Tischtennis in der Spielscheune. Eine Spielscheune ist eine echt prima Erfindung!
Liebe Grüße von

50 Beim Abendessen

Die Klasse 2 b sitzt im großen Speisesaal beim Abendessen. Atasi erzählt von ihren Ferien in Indien. Anna und Leon hören nicht richtig zu und Atasi erzählt alles noch einmal.
Im zweiten Text verändern sich sieben Wörter. Streiche sie an.

Atasi erzählt:

In Indien bei meiner Oma sitzen wir auf dem Boden oder auf einem Sitzkissen. Wir benutzen keine Messer und Gabeln. Wir essen mit den Fingern. Natürlich waschen wir uns vor dem Essen und nach dem Essen die Hände. Auch bei uns gibt es Regeln: Die Handflächen müssen sauber bleiben! Die linke Hand darf nicht benutzt werden! Das ist manchmal schwierig. Aber es macht viel mehr Spaß, mit den Fingern zu essen als mit Messer und Gabel! Etwas darf man in Indien auf keinen Fall tun: sich am Tisch die Nase schnäuzen. Das ist sehr unfein. Wenn ich schmatze, sagt meine Oma: „Atasi schmeckt das Essen gut!“

„Ich habe nicht richtig hingehört!“, entschuldigt sich Leon.
„Kannst du alles noch einmal erzählen?“, bittet Anna.
Atasi seufzt und erzählt:

In Indien bei meiner Großmutter sitzen wir auf dem Boden oder auf einem Sitzkissen. Wir benutzen keine Messer und Gabeln. Wir essen mit den Fingern. Immer waschen wir uns vor dem Essen und nach dem Essen die Hände. Auch bei Oma gibt es Regeln: Die Handflächen müssen sauber bleiben! Die linke Hand darf nicht benutzt werden! Das ist richtig schwierig. Aber es macht viel mehr Freude, mit den Fingern zu essen als mit Messer und Gabel! Etwas darf man in Indien auf keinen Fall tun: sich am Tisch die Nase putzen. Das ist sehr unfein. Wenn ich schlürfe, sagt meine Oma: „Atasi schmeckt das Essen gut!“

Im Schullandheim

Leon, Anna und die Kinder der Klasse 2 b sehen sich das Schullandheim gemeinsam an.
Als Erstes wollen die Kinder natürlich alle Tiere kennenlernen, die auf dem alten Bauernhof zu Hause sind.
Sie gehen mit der Heimleiterin Frau Lind in den Stall. Frau Lind erzählt:
„Das ist unser kleiner Esel Oskar.
Er ist sieben Jahre alt. Schaut her: Oskar hat ein sehr langes, weiches Fell und große, lange Ohren. Ihr könnt ihn gerne streicheln! Das liebt er! Oskar ist ein richtiger Schmuse-Esel."
„Und wer ist das da?", fragt Anna und zeigt auf eine grau gestreifte Katze. Sie sitzt ganz ruhig im Heu.
Sie hat grüne Augen und einen schönen, buschigen Schwanz.
„Wir haben viele Katzen auf dem Bauernhof", erklärt Frau Lind.
„Diese Katze dort heißt Minka.
Sie ist eine betagte Dame.
Beinahe 13 Jahre alt ist sie schon!
Fasst Minka lieber nicht an.
Sie kratzt manchmal."
Als sie den Stall verlassen, springt ihnen ein zotteliger Hund entgegen. Leon versteckt sich schnell hinter Herrn Wagner.
„Du brauchst keine Angst zu haben", sagt Frau Lind zu Leon.
„Bobo ist sehr kinderlieb. Und er ist sehr klug."
„Ist Bobo ein Schäferhund?", fragt Anton.
„Nein, Bobo ist ein Mischling. Aber seine Mama war ein Schäferhund. Deshalb hat er auch ein braun-schwarzes Fell."
Plötzlich packt Bobo mit seiner Schnauze Frau Lind am Ärmel. Er rüttelt ihren Arm hin und her. Er knurrt auch dabei. Aber es hört sich nicht gefährlich an. Die Kinder lachen.
„Bobo ist noch sehr verspielt", sagt Frau Lind. „Er ist erst ein Jahr alt. Wollt ihr vielleicht auf die Wiese gehen und mit ihm Fußball spielen? Das findet er sicher sehr lustig!"
Ein paar Kinder rennen mit Bobo auf die Wiese.
Ein paar Kinder dürfen abwechselnd auf Oskar reiten.
Anna ist alleine im Stall. Sie streichelt Minka. Minka schnurrt leise. Anna ist stolz.
Minka lässt sich von ihr streicheln!

51 **Kennst du den Text genau?**

Lies die Fragen und kreuze die richtige Antwort an.

Wie heißt die Heimleiterin?

- ☐ Frau Links
- ☐ Frau Limp
- ☐ Frau Lind

Was bedeutet „betagt"?

- ☐ jung
- ☐ alt
- ☐ wild

Wer hat Angst vor Hunden?

- ☐ Anna
- ☐ Herr Wagner
- ☐ Leon

Was kann man mit Bobo spielen?

- ☐ Tischtennis
- ☐ Fußball
- ☐ Handball

Was macht Minka, als Anna sie streichelt?

- ☐ Sie kratzt.
- ☐ Sie knurrt.
- ☐ Sie schnurrt.

52 Steckbriefe der Tiere

Hier siehst du die Steckbriefe von sechs Tieren.
Erkennst du die Tiere vom Schullandheim wieder?
Wenn das richtige Tier dabei ist, umrande den Steckbrief farbig.

13 Jahre weiblich rot gestreift blaue Augen Katze	4 Jahre verschmust männlich kurzes Fell Esel	6 Monate kratzt manchmal schwarz grüne Augen Katze
1 Jahr klug Mischling braun-schwarz Hund	7 Jahre männlich langes Fell kurze Ohren Esel	7 Jahre verschmust weiches Fell lange Ohren Esel
1 Jahr kinderlieb weiblich schwarz Hund	4 Jahre lebhaft Schäferhund braun-schwarz Hund	13 Jahre weiblich grau gestreift grüne Augen Katze

53 Oskar, Minka und Bobo

Lies den Text genau. Male alles, was zu Oskar passt, grün an. Alles, was zu Minka passt, soll gelb eingefärbt werden. Alles, was zu Bobo passt, markiere orange.

langes Fell | grüne Augen | grau gestreift | kinderlieb

kratzt | weiches Fell | verspielt | buschiger Schwanz | klug

große Ohren | zottelig | verschmust | braun-schwarz

54 Telefonat nach Hause

Anna ruft zu Hause an. Sie ist ganz aufgeregt und vor Aufregung kaum zu verstehen! Finde durch genaues Lesen die richtigen Wörter und teile sie mit Strichen ab.

Hallo/Mama/, ha llo/Papa/, hört/ihr/m ich?/

Heutewars oei nto llerTag! Hiera u fdem Bauer nhof gibtesganzviele sü ßeTiere! FrauLind, d ie H ei mleiterin, hatsieunsalle ge zeigt. Es gi btei nenHund, vi el eKatzenun dein en Esel. Ei n e K atzehe ißtMinka undistsch onuralt. 13 Ja h re! Stellteuch vor, s ieh at s ichvon mir strei cheln lassen. Siehat sog arge schnurrt.

DerHund istga nzlieb. L eonh aters t ei n wenig Angstgehabt. Aber nachher hater sogar mitBoboFußball ge s pielt!

Im Zoo

Leon erzählt seiner Mama am Telefon:

Heute sind wir in den Zoo gefahren. Es war viel los! Wir haben viele tolle Tiere gesehen! Bei den Giraffen fanden Anna und ich ein kleines Mädchen. Es weinte. Ich fragte: „Was ist los, warum weinst du?“ Da hat das Mädchen nur die Nase hochgezogen und den Kopf geschüttelt. Etwas weiter weg stand Adriano aus unserer Klasse. Er redete mit einer fremden Frau und sah sich suchend um. Als er uns entdeckte, nahm er die Frau an der Hand und zog sie zu uns herüber. „Vieni qua dalle giraffe!“, rief er dabei laut und zeigte auf das Mädchen. „Mille grazie!“, sagte die Frau zu uns und hat das Mädchen geküsst. Das Mädchen hat dann auch „mille grazie“ zu uns gesagt. Das war ein italienisches Kind! Deshalb hat es mich nicht verstanden! „Mille grazie“ heißt übrigens: tausend Dank. Das hat mir Adriano später erklärt.

Adriano kann so gut Deutsch wie ich. Seine Oma und sein Opa sind vor vielen, vielen Jahren aus Rom nach Deutschland gekommen. Heute habe ich zum ersten Mal gehört, wie Adriano Italienisch spricht. „Was hast du eben zu der Frau gesagt?“, wollte ich wissen. „Spute dich, komm zu den Giraffen“, antwortete er. „Giraffe habe ich verstanden“, sagte ich zu Adriano. Italienisch ist gar nicht schwer. Daher versuchte ich es einfach: „Krokodil heißt wohl krokodilo, oder?“ „Fast richtig!“ Adriano lachte. „Das Krokodil heißt: il coccodrillo.“ Adriano hat mir im Zoo heute ganz viele italienische Wörter beigebracht.

L’elefante ist der Elefant.
La zebra ist das Zebra.
Il papagallo ist der Papagei.
Il leone ist der Löwe.
La giraffa ist die Giraffe.

Sprich die italienischen Tiernamen so aus:
äläfante – säbra – pappagallo – läone – dschiraffa – kokkodrillo

55 Kennst du den Text genau?

Lies den Text „Im Zoo“ genau durch und kreuze die richtige Antwort an.

Adriano spricht ...

- [ ] Deutsch und Griechisch.
- [ ] Italienisch und Englisch.
- [ ] Deutsch und Italienisch.

Wo findet Leon das weinende Kind?

- [ ] Bei den Affen
- [ ] Bei den Giraffen
- [ ] Bei den Krokodilen

Warum hat das Kind geweint?

- [ ] Es wollte unbedingt ein Eis haben.
- [ ] Es hat seine Mutter nicht mehr gesehen.
- [ ] Es hatte Angst vor den Giraffen.

Warum hat das Mädchen Leon nicht geantwortet?

- [ ] Weil es frech war.
- [ ] Weil es noch nicht sprechen konnte.
- [ ] Weil es Leon nicht verstanden hat.

56 Kennst du das Wort?

Was bedeutet „sich sputen“? Suche ein anderes Wort dafür.

Findest du auch ein anderes Wort für „beibringen“?

57 Tiernamen auf Englisch

Leons Cousin John wohnt in London. Er spricht Englisch.
Er stellt dir die Tiere vor, die Adriano auf Deutsch und auf Italienisch genannt hat.
Lies die Wörter genau, du erkennst Ähnlichkeiten mit dem deutschen Wort.
Übersetze die englischen Tiernamen.

lion	heißt		(sprich: laien)
zebra	heißt		(sprich: sibra)
crocodile	heißt		(sprich: krokodail)
giraffe	heißt		(sprich: dschiraaf)
parrot	heißt		(sprich: pärrot)
elephant	heißt		(sprich: ällifänt)

58 Eine Karte von Italien

Sieh dir die Karte von Italien genau an und beantworte die Fragen.

a Wie heißt der Fluss bei Venedig?

b Welche Inseln liegen im Mittelmeer?

c Wie nennt man das Meer vor Venedig?

d Umkreise auf der Karte die Stadt, aus der Adrianos Großeltern stammen.

Ein Geschichtenabend

Herr Wagner erzählt im Schullandheim am Abend den Kindern der 2 b das Märchen vom goldenen Apfel:

In alten Zeiten lebte einmal ein König, der war sehr reich.
Er wusste nicht, was er mit dem vielen Geld anfangen sollte.
So ließ er im ganzen Reich verbreiten:
„Derjenige, der mir die größte Lüge erzählen kann, bekommt einen Apfel ganz aus Gold!"
Von nah und fern kamen die Leute herbeigeströmt und einer log immer noch mehr als der andere.
Jedes Mal aber sagte der König: „Na, so schlimm war es auch wieder nicht. Es kann ja auch wahr sein!"

Eines Tages kam ein junger Bursche mit einem Krug in der Hand.
„Herr König", sagte er, „ich bin gekommen, um die Goldstücke abzuholen."
„Was denn für Goldstücke?", fragte der König erstaunt.
„Erinnerst du dich nicht? Ich meine den Krug voller Goldstücke, den ich dir vor ein paar Tagen geliehen habe!"
Der König wurde ganz wütend und bezichtigte den Burschen der Lüge.
„Nun gut", sagte der fröhlich, „es ist eine Lüge. Also gib mir bitte den goldenen Apfel!"
Da wollte der König recht schlau sein und sagte nachdenklich:
„Nicht so eilig, mein Sohn. Wenn ich es mir recht überlege, so hattest du doch recht."
Der Bursche lachte und sagte: „Auch gut, Herr König! Dann bekomme ich also meinen Krug voller Geldstücke."
Nun musste der König zugeben, dass er von dem jungen Burschen überlistet worden war. Er gab ihm den goldenen Apfel und nahm sich vor, niemanden mehr in seinem Leben zur Lüge zu verleiten.

59 Wer spricht?

Entscheide, ob der König oder der Bursche spricht.
Kreuze den Buchstaben an, trage ihn bei der angegebenen Ziffer unten ein und löse das Rätsel.

5	„Derjenige, der mir die größte Lüge erzählen kann, bekommt einen Apfel ganz aus Gold!"	König	H
		Bursche	A
1	„Auch gut, Herr König! Dann bekomme ich also meinen Krug voller Goldstücke!"	König	F
		Bursche	M
4	„Wenn ich es mir recht überlege, so hattest du doch recht."	König	C
		Bursche	T
3	„Nun gut, es ist eine Lüge. Also gib mir bitte den goldenen Apfel."	König	L
		Bursche	R
7	„Nicht so eilig, mein Sohn!"	König	N
		Bursche	U
2	„Na, so schlimm war es auch wieder nicht. Es kann ja auch wahr sein."	König	Ä
		Bursche	E
6	„Was denn für Goldstücke?"	König	E
		Bursche	G

Lösungswort:

1	2	3	4	5	6	7

60 Was ist wahr?

Kreuze den richtigen Satz an.

- ☐ In alten Zeiten lebte einmal ein König, der war sehr arm.
- ☐ In alten Zeiten lebte einmal ein König, der war sehr reich.
- ☐ Vor langer Zeit lebte einmal ein König, der war sehr arm.

- ☐ So ließ er im ganzen Land verbreiten:
- ☐ So ließ er im ganzen Reich verbreiten:
- ☐ So ließ er im ganzen Schloss verbreiten:

- ☐ Von fern und nah kamen die Menschen herbeigeströmt …
- ☐ Von nah und fern kamen die Menschen angelaufen …
- ☐ Von nah und fern kamen die Menschen herbeigeströmt …

- ☐ Nun musste der König zugeben, dass er von dem jungen Burschen überlistet worden war.
- ☐ Nun musste der König zugeben, dass er von dem üblen Burschen überlistet worden war.
- ☐ Nun musste der König einsehen, dass er von dem jungen Bursche überlistet worden war.

- ☐ Er gab ihm den goldenen Apfel und nahm sich vor, niemanden mehr in seinem Leben zur Lüge zu verleiten.
- ☐ Er gab ihm den goldenen Apfel und nahm sich vor, niemanden in seinem Leben zur Wahrheit zu verleiten.
- ☐ Er gab ihm den goldenen Apfel und nahm sich vor, niemanden in seinem Leben zur Lüge zu verleiten.

61 Gruselgedicht

„Herr Wagner, kennen Sie eine Gruselgeschichte?“, fragt Adriano.
Herr Wagner kennt ein Gruselgedicht. Er trägt es vor.
Lies das Gedicht laut. Klinge so schaurig und unheimlich wie möglich.

Achtung! Spukzeit!

In der Nacht, in der Nacht,
wenn der bleiche Mond erwacht,
hört man vor des Schlosses Toren
grässlich grausiges Rumoren.

Eine Stimme zischelt: „Hier!
Schlossgespenster! Folget mir!
Es ist Spukzeit! Aufgewacht!
Horch! Gleich schlägt es Mitternacht!“

Da! Kaum hat es zwölf geschlagen,
geht's dem Schlossherrn an den Kragen.
Denn schon flitzen sie herbei
mit Gewimmer und Geschrei!

Flattern wild durch Tor und Fenster –
hundertdreizehn Schlossgespenster!
Rumpeln, pumpeln, kichern, keuchen!
Bis sie – hui! – ganz schnell entfleuchen.

Schluss! Die Spukzeit ist vorbei.
Morgen spuken sie aufs Neu.

(Roswitha Fröhlich: Achtung! Spukzeit!
In: Caspars Traumbuch: Geschichten und Gedichte.
Hamburg: Carlsen Verlag 1997)

62 Viele Grusel-Wörter

Anton findet das Gedicht sehr schön. Aber er hat nicht alles verstanden.
Hilf ihm, die fremden Wörter besser zu verstehen.
Verbinde die Wörter mit dem passenden Wort auf der rechten Seite.

bleich	Geheule
grausig	fliehen
zischeln	blass
Gewimmer	unheimlich
pumpeln	poltern
entfleuchen	flüstern
keuchen	laut und schwer atmen
aufs Neu	wieder

63 Die Gespenster sind ganz schön wild!

Huui! Jetzt haben sie das schöne Gedicht durcheinandergebracht.
Wie spuken die Gespenster durch das Gedicht?
Nummeriere die Wörter in der Reihenfolge, wie sie im Gedicht vorkommen.

1.	flitzen herbei	☐	rumpeln
☐	flattern	☐	keuchen
☐	kichern	☐	entfleuchen

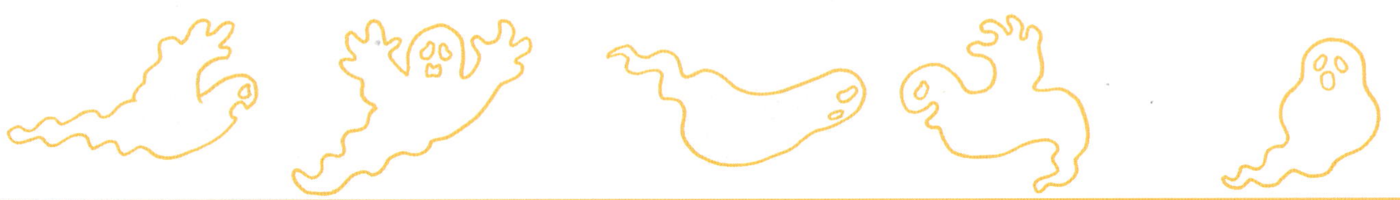

64 Das Gedicht in Bildern

Die Bilder erzählen das Gedicht „Achtung! Spukzeit!“ nach. Bringe die Bilder in die richtige Reihenfolge und nummeriere sie.

65 Was bedeutet das?

Was bedeutet in diesem Gedicht: „Geht's dem Schlossherrn an den Kragen“? Erkläre kurz.

66 Gespenster sind …

Wie findest du die Gespenster? Male alle Wörter an, die du passend findest. Kannst du deinen Eltern oder deinem Lehrer erklären, warum du diese Wörter gewählt hast?

lustig | böse | unheimlich | gruselig

witzig | gefährlich | hübsch

krank | traurig | ungerecht | mutig

Früher und heute auf dem Bauernhof

Frau Lind, die Heimleiterin, erzählt:

Früher lebten die Menschen auf einem Bauernhof ganz anders als heute!
Der Bauer regierte über seinen Hof wie ein kleiner König.
Alle mussten tun, was der Bauer befahl.
Die Bäuerin herrschte über die Küche und passte auf, dass das Haus sauber war.
Außerdem pflegte sie den Garten und war für das Vieh im Stall und die Hühner, Gänse und Enten verantwortlich.
Die Arbeit auf dem Hof, im Garten, in den Ställen und auf dem Feld war sehr hart und anstrengend.
Es gab keine Maschinen.
Die Menschen mussten alles alleine machen.
Deshalb gab es früher auch viele Mägde und Knechte.
Sie halfen den Bauersleuten bei der Arbeit.
Manche Jungen und Mädchen wurden schon im Alter von 10 Jahren von ihren Eltern zum Arbeiten auf Bauernhöfe geschickt.
Ein Mädchen hütete und fütterte die Kühe, half in der Küche oder kümmerte sich um die Kinder der Bauern. Ein Junge war vielleicht erst Schweinehirte oder Pferdejunge.
Erst später wurde er ein richtiger Knecht und arbeitete auf dem Feld.

Heute gibt es für viele Arbeiten eine Maschine.
Es gibt Mähdrescher, Melkmaschinen und Futterautomaten.
Früher zog ein Rind oder ein Pferd den Pflug. Heute gibt es Traktoren.
Die Arbeit ist mithilfe der Maschinen nicht mehr so hart wie früher.
Sie wird von weniger Menschen verrichtet.

Früher gab es auf dem Bauernhof alles, was man zum Leben brauchte:
Das Getreide für das Brot wurde auf dem Feld angepflanzt. Außerdem gab es Obstbäume, Gemüsefelder und Heuwiesen. Die verschiedenen Tiere lieferten Milch, Eier und Fleisch.
Heute halten die Bauern meist nur eine oder zwei Tiersorten.
Andere Bauern bauen nur ganz bestimmte Pflanzen oder nur Obst oder Gemüse an.
Das hat auch seinen Grund:
So brauchen die Bauern nur eine gewisse Anzahl Maschinen, die sie immer wieder für die gleiche Arbeit einsetzen.
Nur so lohnt sich nämlich der Kauf, denn die Maschinen sind sehr teuer!

67 Stimmen die Aussagen?

Kreuze richtig oder falsch an.

	richtig	falsch
Der Bauer konnte über alle bestimmen.	☐	☐
Die Bäuerin arbeitete jeden Tag auf dem Feld.	☐	☐
Auch Kinder arbeiteten auf dem Bauernhof.	☐	☐
Knechte halfen in der Küche.	☐	☐
Die Arbeit war hart und anstrengend.	☐	☐
Die Bäuerin kümmerte sich um das Geflügel.	☐	☐

68 Die Aufgaben der Mägde und Knechte

Beantworte die Fragen und kreuze die richtigen Antworten an.
Achtung: Du musst bei jeder Frage zwei Kreuze machen!

Welche Aufgaben hatten die Mägde auf dem Hof?

- ☐ Sie putzten die Pferde.
- ☐ Sie halfen in der Küche.
- ☐ Sie fütterten die Kühe.
- ☐ Sie passten auf die Knechte auf.

Welche Aufgaben hatten die Knechte?

- ☐ Sie arbeiteten auf dem Feld.
- ☐ Sie kümmerten sich um die Pferde.
- ☐ Sie pflegten den Garten.
- ☐ Sie kümmerten sich um die Hühner.

69 „Früher“ oder „Heute“?

Lies genau und trage die Wörter „Früher“ oder „Heute“ richtig ein.

_______ brauchte man auf dem Land viele Pferde für die Feldarbeit.

_______ gibt es weniger Pferde, da Traktoren die Feldarbeit erledigen.

_______ arbeitet man mithilfe vieler Maschinen.

_______ wurde die schwere Arbeit von Hand verrichtet.

_______ mussten auch Kinder auf dem Bauernhof arbeiten.

_______ halten die Bauern immer nur wenige Tierarten.

_______ gab es viele Mägde und Knechte.

70 So war das früher, so ist das heute!

Verbinde die Satzteile sinnvoll.

Statt Menschen	auf dem Feld gesät.
Die Maschinen	arbeiteten hart.
Das Getreide wird	von Hand gemolken.
Die Mägde und Knechte	sind sehr teuer.
Die Kühe wurden	arbeiten heute Maschinen.
Im Frühling wird	das Feld gepflügt.

71 Arbeiten auf dem Bauernhof

Betrachte die Fotos und lies die Arbeitsbeschreibungen unten. Trage bei den Sätzen die passende Bildnummer ein.

☐ Eine Melkmaschine melkt die Kühe.

☐ Der Traktor zieht den Pflug.

☐ Kühe wurden mit der Hand gemolken.

☐ Der Mähdrescher mäht das Getreide.

☐ Das Pferd zog den Pflug.

☐ Mit scharfen Sensen wurde gemäht.

☐ Das Heu wurde mit großen Gabeln auf den Wagen geladen.

☐ Das Stroh wird zu großen Ballen gepresst und auf den Anhänger transportiert.

Der letzte Tag im Schullandheim

Am letzten Tag im Schullandheim basteln die Kinder für ihre Eltern einen Bilderrahmen aus Salzteig.

Rezept für einen Salzteig:
2 Tassen Mehl
1 Tasse Salz
1 Tasse Wasser
1 Teelöffel Öl

Die Zutaten werden gut miteinander vermischt. Der Teig sollte sich wie Knete anfühlen.

72 Was ist falsch?

Leon hat einen Salzteig hergestellt, aber er kann den Teig nicht kneten.
„Was habe ich falsch gemacht?“, fragt er unglücklich.
Kannst du ihm helfen?

a Umkreise im Kasten, an welcher Stelle sich Leon in der Menge vertan hat.

Leon berichtet:

> „Ich habe eine Schüssel genommen. Dann habe ich
> 2 Tassen Mehl, 1 Tasse Salz und 4 Tassen Wasser hineingetan.
> Aber wie Knete hat sich der Teig nicht angefühlt!“

b Leon hat in seinem Teig noch etwas vergessen.
Was war das?

____

c Leons Teig fühlt sich bestimmt ...

- [ ] sehr matschig an.
- [ ] sehr klumpig an.
- [ ] wie Knete an.

73 Aus dem Salzteig wird ein Bilderrahmen gebastelt

Verbinde die Bilder mit der passenden Anleitung.

1. Der Teig wird ausgerollt, bis er ganz dünn ist. Er soll etwa 1 Zentimeter hoch sein.

2. Aus dem Teig wird mit einem Messer der Rahmen ausgeschnitten.

3. Der Rahmen wird mit dem restlichen Salzteig verschönert.

4. Der Teig wird im Backofen bei 150 Grad gebacken, bis er ganz durchgetrocknet ist. Abkühlen lassen!

5. Der Bilderrahmen wird angemalt und mit Steinen, Muscheln oder Perlen weiter verziert.

6. Der Rahmen wird auf eine Pappe geklebt. Die überstehenden Ränder der Pappe musst du abschneiden.

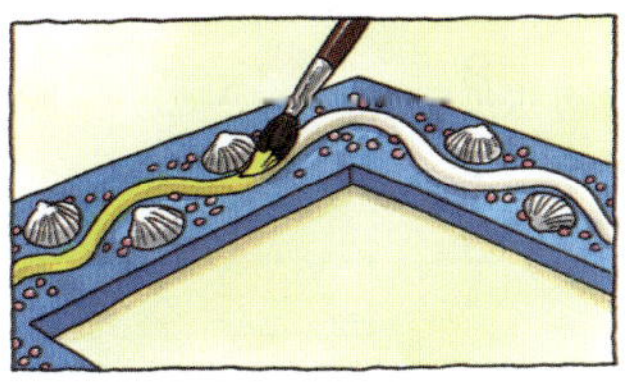

7. Hinten am Rahmen wird eine Aufhängung angeklebt.

8. Fertig! Jetzt kannst du ein Bild oder Foto in den Bilderrahmen einkleben!

74 Jetzt wird gerätselt!

Lies das Rezept und die Bastelanleitung genau durch.
Jetzt kannst du das Rätsel lösen.
Verwende Großbuchstaben.

1 Man braucht für den Salzteig: Mehl, Salz, Öl und …
2 Was wird miteinander vermischt? Die …
3 Der Teig soll sich anfühlen wie …
4 Das wollen die Kinder basteln. Einen …
5 Was wird ausgerollt? Der …
6 Damit wird der Rahmen geschnitten. Mit dem …
7 Wo wird der Teig gebacken? Im …
8 Worauf wird der Rahmen geklebt? Auf …
9 Was musst du abschneiden? Die überstehenden …

1												
2												
3												
4												
5												
6												
7												
8												
9												

Trage die Buchstaben in den farbigen Kästchen der Reihe nach von oben nach unten in den Lösungskasten ein.

75 Welcher Bilderrahmen gehört Anna?

Anna hat einen schönen Bilderrahmen gebastelt. Welcher ist es?
Lies genau und umkreise den richtigen Bilderrahmen.

„Mein Bilderrahmen ist rot. An die Ecken habe ich Muscheln geklebt.
In den Rahmen habe ich ein Foto von mir geklebt.
Am Rand ist auf dem Foto noch Oskar der Esel zu erkennen!“

76 Wie sieht Leons Bilderrahmen aus?

„Mein Bilderrahmen ist auch sehr schön geworden!“, sagt Leon.
„Der Bilderrahmen ist gelb. Auf die Ecken habe ich grüne Kreise gemalt.
Die Muscheln habe ich blau angemalt. Auf dem Foto spiele ich gerade Fußball.“

Male Leons Bilderrahmen fertig. Du kannst auch das passende Bild in den Rahmen malen.

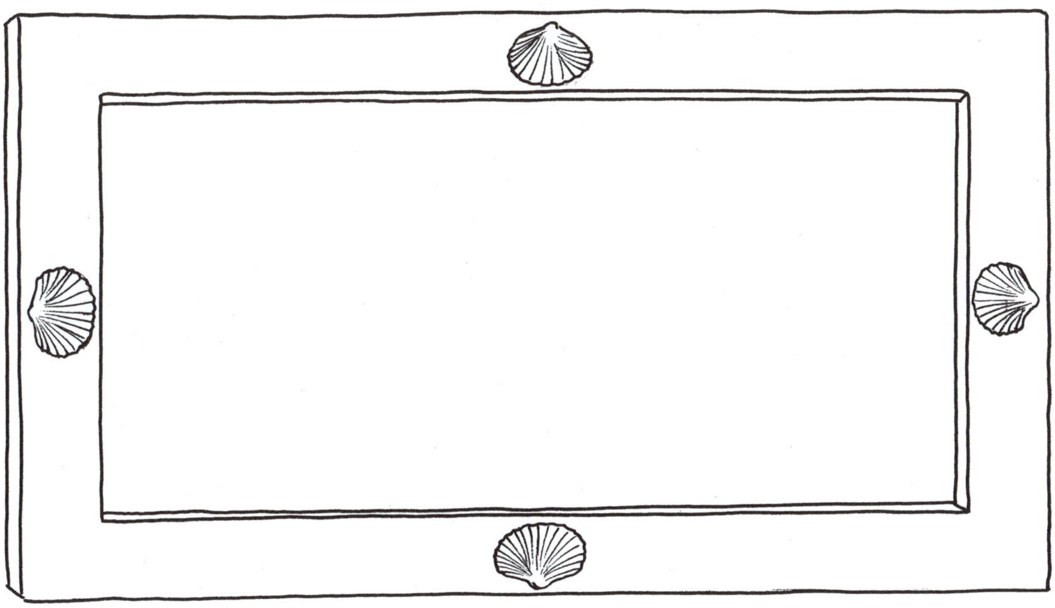

77 Der letzte Abend im Schullandheim

Anna, Leon, Anton, Atasi und Mia haben ihre Lieblingsbücher mit ins Schullandheim genommen. Sie lesen sich gegenseitig vor.
Entscheide, aus welchem Buch jedes Kind vorliest und trage die Kennbuchstaben der Reihe nach in den Lösungskasten ein.

Aus diesen Büchern wird vorgelesen:

Ein zauberhaftes Zotteltier	Kennbuchstaben: ASTD
Vampire in der Ulmenallee	Kennbuchstaben: LGEM
Reise ins All	Kennbuchstaben: DASH
Ein unheimlicher Traum	Kennbuchstaben: UTOL
Der Neue	Kennbuchstaben: ACHT

Leon liest:
Die Kinder konnten es nicht fassen! Das gibt es doch nicht! Am ersten Schultag haben alle von ihren Ferien erzählen dürfen. Die einen waren in Griechenland oder in Italien oder in der Türkei. Einige Kinder haben mit den Eltern Ausflüge an die Badeseen unternommen. Alles ganz normale Sachen. Auch die Lehrerin, Frau Schnappbügel, erzählte von ihren Ferien am Meer. Sie hat sogar einige Fotos mitgebracht. Als aber Tom von seinen Ferien erzählte, standen die Münder der Kinder weit offen. Sie konnten einfach nicht glauben, was Tom in den Ferien alles erlebt hatte. Dass er vom ersten Offizier des Schiffes begrüßt wurde, war noch nicht so aufregend. Es war schon viel unglaublicher, dass Tom am Kommandopult Platz nahm, bevor das riesige Gefährt abhob – mit unendlich fernem Ziel.

Kennbuchstaben:

Anna liest:

Julia ging die Straße entlang. Sie wurde beobachtet. Die Blicke der Nachbarn ruhten neugierig auf ihr. Eigentlich nicht auf Julia, sondern auf ihrem Begleiter. Das war ein großer, zotteliger Hund an einer ziemlich starken Leine. Die starke Leine nutzte aber nicht, denn dieser Hund tat ohnehin, was er wollte. Davon konnten die Nachbarn ein Lied singen!
Eigentlich sah Tampa ganz normal aus.
Na ja, vielleicht hätte man ihm das Fell mal wieder schneiden sollen. Die Augen konnte man überhaupt nicht sehen, weil die Haare bis auf die Schnauze herabhingen. Bis auf sein Aussehen war an diesem Hund allerdings überhaupt nichts normal. Tampa war sogar ganz besonders ungewöhnlich. Aber das wusste nur Julia. Wenn Tampa zum Beispiel nicht gesehen werden wollte, dann machte er sich einfach unsichtbar ...

Kennbuchstaben:

Anton liest:

Pechschwarze Nacht umgab Marlon. Der Wind pfiff erbärmlich und die Blitze beleuchteten die Äste der Bäume. Wie übergroße Fangarme ragten sie in den Nachthimmel. Marlon wusste überhaupt nicht, wie er hierher gekommen war. Sollte er das riesige Holzportal öffnen? Ächzend bewegte sich die Türe, als er sich mit aller Kraft dagegenstemmte. Wenn wenigstens sein Bruder Jan bei ihm gewesen wäre! Der würde ihm bestimmt Mut machen! Langsam gewöhnten sich seine Augen an die Dunkelheit. Das alte Gebäude schien unbewohnt. Spinnweben hingen von der Decke und verklebten Marlons Gesicht. Ein Waldkauz schrie irgendwo. Eine ferne Turmuhr schlug: „Bam-bam-bam ...“ Marlon zählte zwölf Schläge. Jetzt reichte es ihm. Er drehte sich um und wollte davonlaufen, aber seine Beine waren so schwer. Er konnte sie gar nicht bewegen! Sie fühlten sich an wie aus Gummi ...

Kennbuchstaben:

Atasi liest:
In der Siedlung geht die Angst um. Die Leute wagen nicht mehr, laut zu sprechen. Hinter vorgehaltener Hand wird die Nachricht verbreitet, dass sie in der vorigen Nacht in den Bäumen der Gärten übernachtet hätten. Herr Schreivogel von der Nummer 17 hat jedenfalls zwei von ihnen mit dem Kopf nach unten in seinen schönen Kirschbäumen hängen sehen. Sollten sie zurückgekommen sein aus den Wäldern Transsylvaniens? Die Hausbesitzer schließen am Abend früh die Fenster und lassen die Rollläden herunter. Haustiere wie Hasen, Meerschweinchen, Katzen, aber auch die Hunde werden bei Einbruch der Dämmerung ins Haus geholt. Wer weiß, auf wen diese unheimlichen Wesen Appetit haben ...

Kennbuchstaben: ______

Mia liest:
Er saß mit drei Mädchen und zwei Jungen in der Gruppe. Der Gruppensprecher hieß Tobias und die Gruppe hatte sich den Namen „Die Grasfrösche“ ausgesucht. In der Klasse gab es noch „Die fliegenden Enten“, „Sesam öffne dich“ und „Die Klapperschlangen“. Karl kannte langsam alle Gesichter seiner Klassenkameraden, aber noch nicht alle Namen. „Wo ist mein Federmäppchen?“ fragte Luisa plötzlich. Alle halfen beim Suchen. Das Federmäppchen blieb verschwunden. Die Gruppensprecherin der fliegenden Enten war Luisas beste Freundin. Sie behauptete, dass sie Karl beobachtet hätte, wie er sich an Luisas Mäppchen zu schaffen machte. „Ich habe es mir nur angeschaut!“, wehrte sich Karl. „Das sollen wir dir glauben?“ Luisa schaute Karl böse an. „Du kannst uns doch alles erzählen! Ich meine: Wir kennen dich schließlich überhaupt nicht!“ Karl bekam einen roten Kopf. Er wusste nicht mehr, was er sagen sollte ...

Kennbuchstaben: ______

Schreibe die Kennbuchstaben der Reihe nach auf.
Kannst du den Satz lesen?

______

______

Lesen 3. Klasse – Tipps zum Üben

In der 3. Klasse vertieft Ihr Kind das sinnerfassende und das genaue Lesen und erwirbt neue Lesestrategien wie das scannende Lesen. Viele der Aufgaben motivieren dank ihres Rätselcharakters zum Lesen. So lohnt es sich z. B. weiterzulesen, wenn man erfährt, wer der Dieb in der Geschichte ist.

In entspannter Atmosphäre lesen

- Emotionen beeinflussen das Lernen in hohem Maße. Versuchen Sie zu verhindern, dass Ihr Kind das Lesen mit Angst oder Stress verbindet.
- Ob Kinderbuchklassiker oder Comic – lassen Sie Ihr Kind selbst auswählen, was es in seiner Freizeit lesen möchte.

Vielfältige Anlässe zum Lesen nutzen

- Viele Kinder helfen gerne beim Kochen und Backen. Lassen Sie Ihr Kind doch nächstes Mal das Rezept vorlesen. Dabei merkt es schnell, warum genaues Lesen wichtig ist.
- Auch bei der Urlaubsplanung können Sie sich Unterstützung holen. Blättern Sie gemeinsam mit Ihrem Kind in Katalogen, lesen Sie sich Prospekte durch oder besuchen Sie die Homepage eines Reiseveranstalters.
- Bei langweiligen Autofahrten sorgt das Lesen von Schildern und Straßennamen für Abwechslung.
- Auch Texte, die wenig Geschriebenes, dafür jedoch viele Bilder enthalten, z. B. Bauanleitungen, müssen gelesen werden. Ein kleiner Bastler kann Ihnen sagen, wie das neue Regal zusammengeschraubt werden muss, wenn Sie ihm die Anleitung dazu in die Hand drücken.

Verschiedene Lesestrategien verwenden

- Beim **sinnerfassenden Lesen** geht es darum, den Inhalt eines Textes zu verstehen.
- Beim **genauen Lesen** müssen bestimmte Informationen und Details erfasst werden.
- **Scannendes Lesen:** Dabei sucht das Auge wie ein Scanner nach bestimmten Informationen im Text. Diese Strategie kommt uns z. B. beim Lesen von Fahrplänen zugute.

Pony und Pferd
RASSEPFERDE
Kommissar Weber
Pferde
ROM
DAS WELTALL

Lesepyramiden – Zum Einlesen und Aufwärmen

Mit Anna und Leon wirst du ein richtiger Lese-Profi!

Tipp!
Wie alle Sportler müsst ihr euch erst aufwärmen!

78 Pyramiden-Baumeister

a Lies mit Anna und Leon die Pyramide fehlerfrei von oben nach unten.

b Ab der vierten Zeile hat der Pyramiden-Baumeister je ein Wort doppelt verwendet. Trage den doppelten Baustein in die Kästchen ein. Die blauen Kästchen ergeben von oben nach unten gelesen das Lösungswort. Es nennt dir eine Tätigkeit, die bestimmt auch dir Spaß macht.

Lösungswort:

79 Annas Geburtstag

Hier fehlen die Satzzeichen.
Lies die Geschichte so, dass sich sinnvolle Sätze ergeben, und ergänze die passenden Satzzeichen.

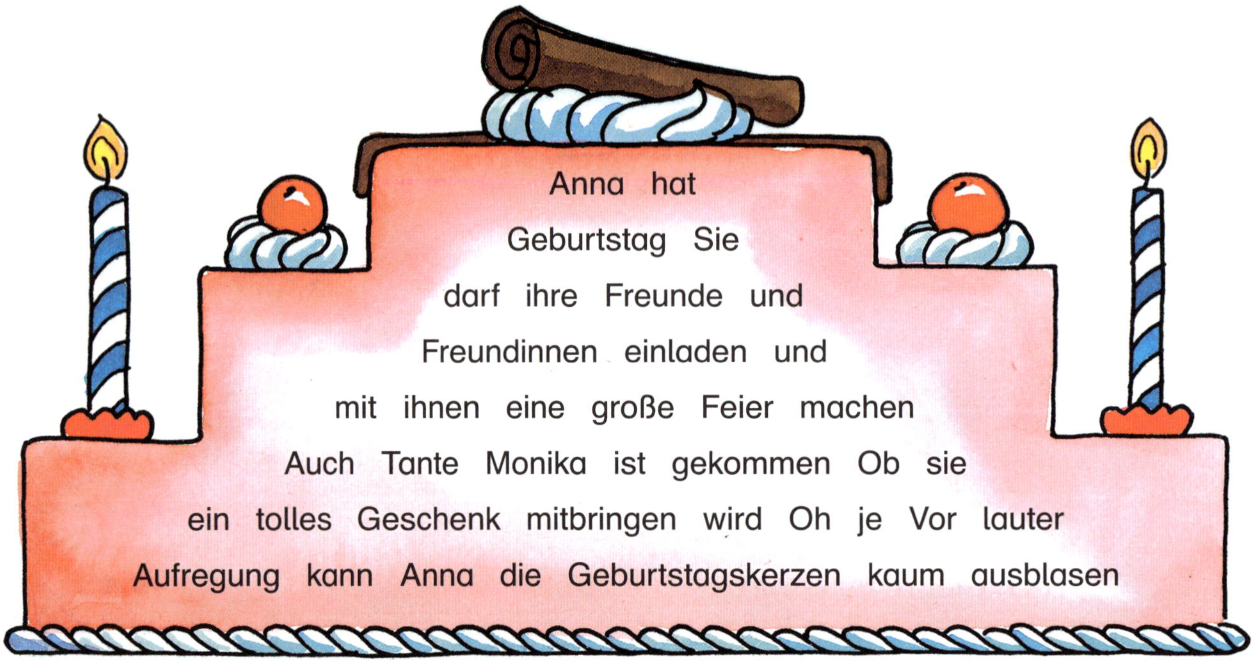

80 Was bekommt Anna geschenkt?

Willst du wissen, was Anna zum Geburtstag bekommt?
Du musst nur bei den Zauberwörtern die Buchstaben 1 – 3 – 5 usw. einkreisen.
Zeichne die Geschenke.

Von ihren Freundinnen und Freunden bekommt Anna den neuesten

H D A Q R W R F Y

P Z O R T W T G E K R

Von Tante Monika bekommt Anna

R Q O I L U L T E W R T

S H K R A G T R E N S

81 Leon kann nicht zur Schule

Leon ist heute sehr traurig. Er darf nicht in die Schule gehen. Leon hat Fieber und muss den ganzen Tag im Bett bleiben. Am Nachmittag telefoniert er aber mit seiner besten Freundin. Das ist Anna, die den Kranken zu Hause leider nicht besuchen darf. Anna erzählt Leon, was heute in der Schule alles los war. Leon muss das Gespräch beenden, weil der Arzt gerade noch einmal bei ihm vorbeischaut.

Welche Bilder treffen auf den Text zu? Male sie mit Buntstiften farbig aus.
Welche Bilder treffen auf den Text nicht zu? Streiche sie mit einem Lineal durch.

Textteppich – Texte richtig verknüpfen

Tipp!
Suche zuerst die Anfänge der Texte und versuche dann herauszufinden, wie der Text weitergeht.

82 Verschiedene Geschichten im Textteppich

Der folgende Textteppich besteht aus zwanzig Textteilen.
Je vier Textteile gehören zusammen und ergeben einen ganzen Text.
Durch genaues Lesen und Kombinieren sollst du herausfinden, welche fünf Texte aus den zwanzig Textteilen entstehen.

Achte dabei auf bestimmte Ankerwörter oder Satzanfänge! Sie erleichtern dir die Arbeit. Probiere auch aus, wo das letzte Wort eines Textteiles mit dem ersten Wort des nächsten Textteiles zusammenpasst.

Du findest einen Text
- vom Nikolaus, der die Armen beschenkt,
- von Anna, die ihren Geburtstag vorbereitet,
- vom Wetter, das besser werden soll,
- von zwei Wanderern, die einem Bären begegnen,
- vom Fest des Fastenbrechens, das deine muslimischen Mitschülerinnen und Mitschüler feiern.

Jeder Textteil hat eine Nummer von 1 bis 20.
Schreibe die vier Nummern des ganzen Textes in der richtigen Reihenfolge in die Lösungskästen.

Der Nikolaus-Text hat die Nummern:				
Der Anna-Text hat die Nummern:				
Der Wetter-Text hat die Nummern:				
Der Wanderer-Text hat die Nummern:				
Der Fastenbrecher-Text hat die Nummern:				

1
wird geputzt und alles in Ordnung gebracht. Orhan sagt: „Wir ziehen unsere schönsten Kleider an und gehen in die Moschee, um gemeinsam zu beten. Das Zuckerfest heißt auch das

2
sondern ihrem Herrn gehörte. Da hat Bischof Nikolaus gesagt: „Ihr könnt uns ruhig etwas geben. Am Ende wird euch kein Körnchen fehlen!"
So war es dann auch und

3
Vor mehr als 1 600 Jahren lebte in der türkischen Stadt Myra ein Mann mit dem Namen Nikolaus. Er war dort Bischof. In vielen Legenden erzählt man sich, wie Nikolaus Kindern und armen Leuten aus der Not geholfen

4
die Luft auf 15 bis 18 Grad ab. Dazu weht immer wieder ein schwacher Wind aus südwestlicher Richtung. Der Sommer lässt noch auf sich warten.

5
Am Ende des Ramadan feiern wir das Zuckerfest, das auf türkisch oeker bayramý heißt. Orhan sagt, es ist eines der wichtigsten Feste der Muslime und dauert drei Tage. Das Haus

6
richt ein.
Mama und Opa sorgen dann für das leibliche Wohl.
Anna freut sich nicht nur auf die Geschenke. Sie ist vor allem neugierig, wie ihre Geburtstagstorte aussieht.

7
hat. Eines Tages gab es in Myra nichts mehr zu essen. Da kam ein Schiff, das mit Getreide beladen war. Die Seeleute wollten nichts hergeben, weil das Getreide nicht ihnen,

8
schreibt auch Tischkarten, damit sie ihre Gäste richtig verteilen kann.
Sie lädt Buben und Mädchen aus ihrer Klasse, aus dem Ballettunterricht und aus dem Flötenunter-

9
Der Bär kam heran, schnupperte an dem armen Burschen herum und blies ihm seinen Atem ins Ohr. Dann trottete das Tier weiter. Als er außer Sichtweite war,

10
Am nächsten Mittwoch wird Anna neun Jahre alt. Zu ihrem Geburtstag darf sie ihre Freundinnen und Freunde einladen.
Seit zwei Wochen ist sie schon damit beschäftigt,

11
Zum Wetter: Ein kräftiges Tief zieht vom Atlantik über Europa. Wir müssen zunächst mit etwas kühler Luft rechnen. Sie erwärmt sich aber ab der Wochenmitte. Im Osten

12
Fest des Fastenbrechens. Denn nach dem Besuch in der Moschee gibt es zum ersten Mal wieder ein festliches Frühstück in der Familie. Wir schenken uns Süßigkeiten und andere

13
Baum. Der andere stand da vor lauter Schreck. Er ließ sich ganz einfach auf den Boden fallen und stellte sich tot. Denn er hatte gehört, dass Bären ihre Beute nur bei lebendigem Leib verzehren.

14
wird es dabei wesentlich milder als im Westen. Schönes Wetter mit hochsommerlichen Temperaturen gibt es zur Zeit nur in der Türkei. In Deutschland haben wir morgen

15
kam der andere Bursche vom Baum herunter. „Was hat dir der Bär ins Ohr geflüstert?“, wollte er wissen.
„Er hat gesagt: Trau keinem Freund, der dich in der Not im Stich lässt!“

16
schöne Sachen. Wenn es geht, besuchen wir unsere Freunde und Verwandten. Die Jüngeren küssen an diesem Tag den Älteren die Hand.

17
alle in Myra wurden satt. Zur Erinnerung an Bischof Nikolaus werden heute noch am Nikolaustag in vielen Familien die Kinder beschenkt.

18
Tischschmuck für die Feier zu basteln. Sie kauft dazu buntes Papier, Kartons und eine Menge farbiger Schleifen ein. Auch Girlanden sollen nicht fehlen, mit denen sie das Zimmer schmückt.
Anna

19
starke Bewölkung, die teilweise in Regen übergeht.
Auch am Nachmittag steigen die Temperaturen nicht über 20 bis 22 Grad an. In der Nacht kühlt

20
Zwei Burschen gingen auf Wanderschaft. Als sie durch einen Wald kamen, sahen sie, wie ein riesiger Bär auf sie zukam. Außer sich vor Angst kletterte der eine der beiden Freunde auf einen

83 Vergleiche deine Nummernfolgen von Aufgabe 82 mit dieser Liste.
Markiere deine Nummernfolgen farbig.
Bei richtiger Lösung ergibt sich ein Lösungssatz, der deine Lesearbeit belohnt.

5	2	14	18	ALLE
3	7	2	17	DU
20	13	15	1	WIR
2	5	10	19	SEHEN
11	19	1	16	GEBURTSTAG
12	17	10	3	KANNST
6	4	15	8	HAST
2	4	11	20	UNS
3	18	4	7	SEHR
10	18	8	6	BIST
7	19	15	2	VIELE
3	9	2	17	DER
8	48	11	10	GUT
9	18	12	15	BÜCHER
11	14	19	4	EIN
3	14	19	7	LESEN
6	1	9	17	IN
20	13	9	15	GROẞER
5	11	7	9	BALD
17	13	5	19	DER
3	6	1	10	BESTE
5	1	12	16	LESEPROFI
4	9	13	12	FREIZEIT
8	4	14	19	FREUND

Schreibe deinen Lösungssatz auf:

Du hast es geschafft und alle Texte richtig zusammengesetzt!
Herzlichen Glückwunsch!

Detektiv Lupenauge entwischt kein Ladendieb – Genaues Lesen

Auf den folgenden Seiten löst Kaufhausdetektiv Lupenauge einen kniffligen Fall.
Auch du kannst den Fall lösen. Du musst die Informationen dabei durch genaues Lesen richtig herausfinden.

Tipp!
Notiere dir in Stichpunkten wichtige Informationen. So behältst du leichter den Überblick.

84 Wie sieht der ertappte Ladendieb aus?

Herr Schneider ist der Chef des Einkaufszentrums City-Kauf. Am gestrigen Nachmittag wurde ihm von mehreren Kunden gleichzeitig ein Ladendieb gemeldet. Sofort schaltete Herr Schneider den Kaufhausdetektiv, Herrn Lupenauge, ein, der in seinem Büro gerade einen festgenommenen Ladendieb verhörte.
Handelt es sich dabei etwa um denselben Mann, den die Kunden Herrn Schneider gemeldet haben? Detektiv Lupenauge gibt Herrn Schneider telefonisch die Beschreibung seines Ladendiebes durch:

Lies dir die Beschreibung des Ladendiebs genau durch.
Male die Kleidung des Ladendiebs in den richtigen Farben an.
Denke an fehlende Merkmale!

85 **Welcher Zeuge hat den Ladendieb richtig beschrieben?**

Jeder Kunde, der einen Ladendieb zur Anzeige bringt, wird von City-Kauf mit einem Gutschein über 35 Euro belohnt. Wer von den folgenden Kunden wird sich den Gutschein verdienen?

Herr Schneider bittet die Zeugen, ihre Beschreibung des Ladendiebs abzugeben. Die Sekretärin tippt die Berichte in den Computer ein.

Frau März-Pullinger hat ihren Ladendieb bei der Süßwaren-Abteilung gesehen:

Herr Bankmann verständigte Herrn Schneider über Handy, während er seinen Ladendieb in der Schmuckabteilung beobachtete:

Anna und Leon beschreiben den Verdächtigen, der sich in der Musikabteilung herumtrieb:

Herr Nervinger hat eine heiße Spur:

Wer bekommt den Gutschein von City-Kauf?

Frau März-Pullinger	☐	Herr Bankmann	☐
Anna und Leon	☐	Herr Nervinger	☐

86 Wie heißt der ertappte Ladendieb?

Detektiv Lupenauge möchte im PC nachsehen, ob der Dieb schon einmal erwischt wurde. Dann hat er nämlich Hausverbot.
Du kannst den Vornamen und den Familiennamen des Ladendiebs herausfinden, wenn du die Personenbeschreibung von Aufgabe 84 verwendest.
Lies und beantworte die folgenden Fragen ganz genau.

- Trage richtig in die Kästchen ein.
- Schreibe in Großbuchstaben.
- Verwende alle Wiewörter (Farben) in der Grundform, z. B. gelb, grün, dunkelbraun.
- Verwende Namenwörter ohne Begleiter.

Angaben zur Person des Ladendiebes:
1. Welcher Bart?
2. Farbe der Kopfbedeckung?
3. Farbe der Schnürsenkel?
4. Farbe der Oberbekleidung?

1.										
2.										
3.										
4.										

Schreibe die Buchstaben in den markierten Kästchen unter die jeweilige Ziffer!

1. **2.** **3.** **4.**

___ ___ ___ ___ ← So heißt der Täter mit **Vornamen**.

5. Womit verdeckt der Ladendieb seine Augen?
6. Name der Kopfbedeckung?
7. Form der Brillengläser?
8. Name der Oberbekleidung?

5.												
6.												
7.												
8.												

Schreibe die Buchstaben in den markierten Kästchen unter die jeweilige Ziffer!

5. **6.** **7.** **8.**

___ ___ ___ ___ ← So heißt der Täter mit **Familiennamen**.

87 Hat der ertappte Ladendieb bereits Hausverbot im City-Kauf?

Detektiv Lupenauge gibt den Namen des Ladendiebes in den Computer ein. Vielleicht ist dort der Gesuchte schon gespeichert? Durch einen falschen Mausklick erscheint die Liste der Namen aber leider nicht nach dem ABC.

Lies die Liste genau. Markiere den Namen des Ladendiebes, wenn er gespeichert ist.

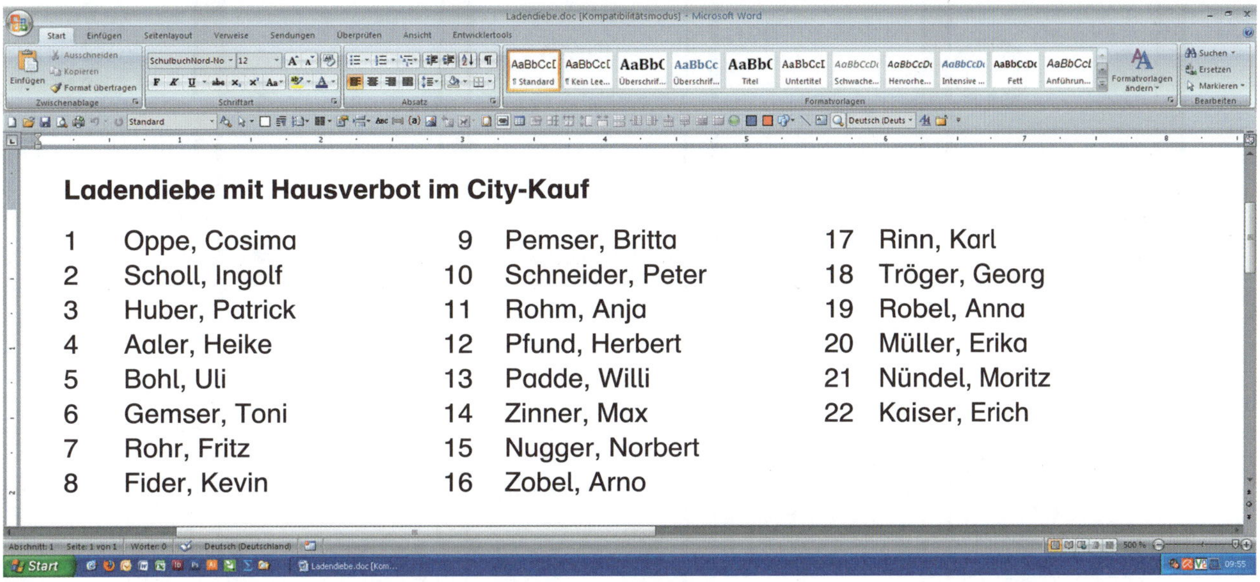

Ladendiebe mit Hausverbot im City-Kauf

1	Oppe, Cosima	9	Pemser, Britta	17	Rinn, Karl
2	Scholl, Ingolf	10	Schneider, Peter	18	Tröger, Georg
3	Huber, Patrick	11	Rohm, Anja	19	Robel, Anna
4	Aaler, Heike	12	Pfund, Herbert	20	Müller, Erika
5	Bohl, Uli	13	Padde, Willi	21	Nündel, Moritz
6	Gemser, Toni	14	Zinner, Max	22	Kaiser, Erich
7	Rohr, Fritz	15	Nugger, Norbert		
8	Fider, Kevin	16	Zobel, Arno		

88 Was hat der Ladendieb gestohlen?

Detektiv Lupenauge hat den Ladendieb befragt und zu einem Geständnis überredet. Der Ladendieb gibt auf und holt seine gestohlene Ware unter der Jeansjacke hervor.

Sei du nun ein „Leselupenauge“ und finde durch genaues Lesen heraus, was der Dieb gestohlen hat. Die Überwachungskameras haben den Weg des Diebes durch das Einkaufszentrum aufgezeichnet. In den folgenden Regalen liegt jeweils eine Ware, die nicht hineingehört. Markiere sie farbig.

a Kamera 4 – Schreibwaren

b Kamera 7 – Uhren und Schmuck

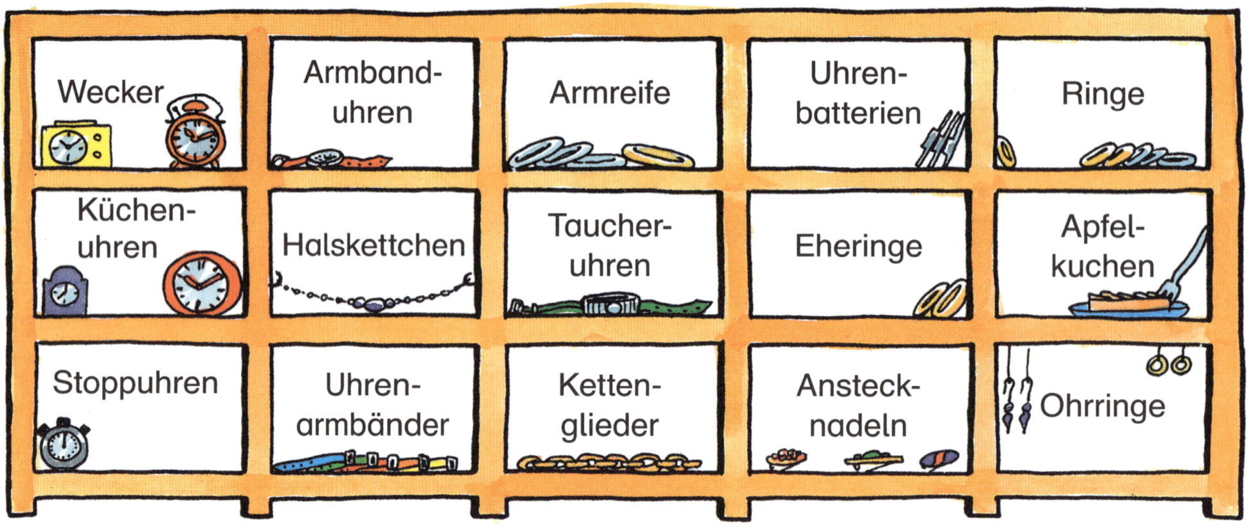

c Kamera 1 – Medien und technisches Zubehör

d Kamera 8 – Kindermode

e Trage die markierten Wörter mit Großbuchstaben in den jeweiligen Kasten ein.

Kamera 4														
Kamera 7														
Kamera 1														
Kamera 8														

Die Buchstaben in den blauen Kästchen ergeben hintereinander gelesen den Gegenstand, den der Ladendieb gestohlen hat.

Lösungswort:

Knobelaufgabe

89 Die vier Freundinnen Anna, Bianca, Charlotte und Daniela gehen im City-Kauf einkaufen. Jede hat einen einfarbigen Rucksack in einer der Farben rot, grün, blau und gelb.

Das Mädchen mit dem roten Rucksack ist die Cousine von Anna. Bianca hat keinen grünen Rucksack. Das Mädchen mit dem grünen Rucksack hat längere Haare als Anna. Die Farben der Rucksäcke von Charlotte und Daniela haben unterschiedliche Anfangsbuchstaben. Daniela hat Streit mit dem Mädchen mit dem grünen Rucksack. Die Farbe von Danielas Rucksack hat vier Buchstaben.

Wessen Rucksack hat welche Farbe?

Anna ____________ Bianca ____________

Charlotte ____________ Daniela ____________

Freizeit und Ferienzeit – Das Auge schulen

Nach der anstrengenden Suche nach dem Ladendieb machen Anna und Leon jetzt Übungen, die die Augen beim Lesen schulen.

In diesem Kapitel wirst du erkennen,
dass Informationen nur durch ganz genaues Lesen erfolgreich bearbeitet werden können. Beim Mosaik muss dein Auge wie eine Lupe über den Text streifen, damit dir kein Buchstabe entgeht.
Informationen müssen richtig miteinander vernetzt werden. Dies kannst du im Umgang mit Tabellen üben. Texte können aus verschiedenen Bereichen zusammengesetzt sein. Durch sinnvolles und betontes Lesen kannst du sie sicher trennen.

90 Wörter im Mosaik

Wer macht was am liebsten in der Freizeit?
Suche die Antwort im Mosaik, indem du die versteckten Buchstaben zu Wörtern verbindest.
Markiere die versteckten Buchstaben farbig. Verwende für jedes Mosaik eine eigene Farbe.

a

F F O F F F L F F I F F F V F F F F E
F F F F F R F F F F F F F G F F F F
F E F F F F F F H F F F F F F F T F
F F F F F J F F E F F F D F F E F F
F F F N F F F F F F F F F F F F T F
F F F F F F A F F F F G F F F F F F
F F F F F F R F F F F F E F F I F T F
F F F F E F F F F N F F F F F F F F

b

Z Z Z Z Z Z Z A Z Z Z Z N Z Z Z Z Z Z
Z Z N Z Z Z A Z Z Z Z Z Z Z S Z Z Z
A Z Z Z M Z Z Z M Z Z Z E Z Z L Z Z
T Z Z Z Z Z Z Z Z D Z Z Z Z I Z Z Z Z
Z Z Z E Z Z Z Z Z Z Z Z Z Z Z Z Z B
Z Z E Z Z S Z Z Z T Z Z Z Z E Z Z Z
N Z C Z O Z Z M P Z Z U Z T Z E Z
Z R S Z P Z Z I E Z L Z E Z Z Z Z Z

c

M M N M M A M M M D M M M M I
M M N M E M M M M M M I M M M
M M S M M M M T M M M M M M
M M M E M M M M M I M M M M N
M M M E M M M M M M M M M G
M R M M O M M ß M M M M M E
M M L M M E M M S M M E M M R
M M A M T M T E M M M M M M M

d

V V V P V V V V V E V V V V V T V
V V E R V V V V V V V V S V V V P
V V V I V V V E V V L T V V V V V V
V V V V S V V V V V E V V V H V V V
V V R V V V V V V V V G V V V U V
V V V V V V V V V V V V T V V V V
V V V G V V V I V V V V T V V V V A
V V R V R V E V V V V V V V V V V

e

D D D D D L D D D E D D D O D D
N D D D S D D D D D P D D I D D
D D D D D E D L D D D D D D T D
D D D D D G D D A D D D N D Z D
D D D D D D D D D D P D D D D D
D D R D D D D I D D M D D A D D
D D D D D D D D F D D D D D U D D
D D ß D D B D D A D D L D L D D

f

Q Q Q M Q Q A Q Q Q R Q Q Q T
Q Q Q I Q N Q Q Q Q Q Q F Q Q Q
Ä Q Q H Q Q Q R Q Q T Q Q Q Q
Q Q O Q Q Q Q Q F Q Q Q T Q Q
Q Q Q Q Q Q Q Q Q Q Q Q N Q A
Q Q C Q Q Q Q Q Q Q Q Q H Q Q
Q Q Q Q I Q Q Q T Q Q Q A Q L Q
I Q Q E N Q Q Q Q Q Q Q Q Q

91 Das machen die Kinder aus Aufgabe 90 in ihrer Freizeit

Markiere die zusammengehörenden Sätze in der Tabelle farbig.

Mia	spielt sehr gut	Italien.
Peter	sammelt die besten	schwimmen.
Anna	klettert auf hohe	Computerspiele.
Sandra	ist eine große	Gitarre.
Nadine	geht jeden Tag	Ferien.
Leon	verteilt jeden Tag	Bäume.
Kevin	geht am liebsten	reiten.
Oliver	fährt oft nach	Bonbons.
Yvonne	will nun endlich	Fußball.
Martin	spielt ganz prima	Leseratte.

92 Erkennst du die Kinder?

Lies die Steckbriefe genau durch und finde heraus, welches Kind von Aufgabe 90/91 erzählt.

a *Manchmal ist es ganz schön anstrengend, kann ich euch sagen! Bei Wind und Wetter muss ich zum Stall fahren. Mein Tier braucht jeden Tag Pflege und Futter. Dafür macht es mir aber eine Riesenfreude. Vor allem in den Ferien sind wir jeden Nachmittag in der Natur unterwegs.*

b *Ich spiele im Verein. Aber auch in der Schule macht mir meine Sportart sehr viel Spaß. Da habe ich Freunde, die diesen Sport auch können. Ich trainiere fleißig, weil ich am liebsten einmal Profi werden möchte.*

c *Jeden Donnerstag habe ich Musikunterricht. Mit meinem Instrument muss ich aber auch zu Hause fleißig üben. Mein Instrument hat sechs Saiten. Es klingt sehr schön. Manchmal musiziere ich mit meiner Schwester zusammen. Sie spielt Flöte.*

d *Hier ist mein Kinderzimmer. Ich habe natürlich eine Menge Spielzeug. Aber neben dem Spielen lese ich sehr gerne. Bücher sind wie gute Freunde. Meine Freunde stehen dort in den Regalen. Ich glaube, es sind über hundert. Zum Geburtstag oder zu anderen Festen bekomme ich jedes Mal einen oder mehrere Freunde geschenkt. Zurzeit gehe ich mit Harry Potter, dem Zauberer, auf Abenteuerreise.*

e *Ich habe eine prima Sammlung von Spielen, die sehr interessant sind. Man muss aber geschickt sein, wenn man beim Spielen gewinnen will. Meine Spiele suche ich mir selbst aus. Sie sollen Spaß machen und haben nichts mit Gewalt und solchen Sachen zu tun.*

f *Mit meinen Eltern darf ich oft verreisen. Wir waren schon in einigen europäischen Ländern. Doch am liebsten fahre ich in ein ganz bestimmtes Land im Süden. Dort sagt man statt „Guten Tag" „buon giorno". Und eins, zwei, drei vier, fünf heißt dort uno, due, tre, quattro, cinque.*

g Schreibe die Buchstaben in den blauen Kästchen nacheinander in den Lösungskasten. Dann erfährst du, wie das Mädchen mit der Flöte heißt.

Das Mädchen mit der Flöte heißt:

93 **Welche beiden Kinder sind Geschwister?**

Zwei Kinder sind Geschwister. Sie heißen ____________ und ____________.

94 **Wer mag keine Gewalt und hat trotzdem Computerspiele?**

____

95 Ein Brief aus dem Urlaub

a Welches Foto passt zum Brief? Begründe deine Entscheidung!

QQQQQQQQQQLiebeQQQQOma,QQQQlieberQQQQQQQQQQQQOpa
QQQQQ,QQQQwirQQQsindQQQQQQgesternQQQQQQQQQgutQQQQQQ
QQQQQQQQQanQQQQQunseremQQQQQQQUrlaubsortQQQQQQQQQQ
QQQQQangekommenQQQQQQQQQQQQQ.QQQQQQQQUnserQQQQQQ
QQQQQQHotelQQQQQQQQhatQQQQQQQübrigensQQQQQQQQvierQQ
QQQQQSterne.QQQQQQQQQQDasQQQWetterQQQistQQQQherrlichQQQQ
QQQQQundQQQamQQQQHimmelQQQistQQkeineQQQeinzigeQQQWolkeQ
QzuQQQsehen.QQQQNachQQQQdemQQQQQQMittagessenQQQQQgehenQQ
QQQQQQwirQQQQalleQQQQzusammenQQQQQanQQQQQeinenQQQQQ
QQQQQderQQQQSkilifte.QQQQQFürQQQdieQQQQKinderQQQQgibtQQQQ
QQQesQQQhierQQQeinenQQQQQÜbungshang.QQQQAmQQQNachmittag
QQQQwollenQQQQQQQwirQQQQQQnochQQQQQQinsQQQErlebnisbad.QQ
QQQQQQQQQTinaQQQQQundQQQQichQQQQQQwerdenQQQQdieQQQQQ
QQQRiesenrutscheQQQQQQausprobierenQQQQ.QQQMorgenQQQQmachen
QQQQQQQQQQQwirQQQQQQQmitQQQQQQQQPapaQQQQQQLanglauf.QQ
QQQQUmQQQQQdenQQQQQQOrtQQQQQQQherumQQQQQgibtQQQQQQQ
QesQQQQQvieleQQQQQQQKilometerQQQQQvonQQQLanglaufloipenQQ.Q
QQQQFürQQQQQQheuteQQQQQQmöchteQQQQQQichQQQQSchlussQQQQ
QQQQQQQmachen.QQQQQEsQQQQgrüßtQQQQQQeuchQQQQQganzQQQQ
QQQherzlichQQQQeuerQQQQQQQQLeonQQ.QQQVieleQQQQQGrüßeQQ
QQQQauchQQQQvonQQQQQHeikeQQQQQQundQQQQQQQQvonQQQPapa.

1

2

3

Lösung: Es passt das Urlaubsfoto ______, ______________________

____

b Wo machen Leon und seine Familie Urlaub?

Lies den Brief nochmal ganz genau durch. Vergleiche die Angaben im Brief mit den Informationen in der Tabelle auf der nächsten Seite.

Ort	Hotelname	Sterne	Freizeitangebote am Ort		
Bad Tölz	Rose	*****	Langlauf	Eisstock-schießen	Wellen-Hallenbad
Bergwalden	Seeblick	**	Wanderwege	Museum	Hallenbad
Felsbruck	Almenrausch	***	Heimatmuseum	Langlauf	Eisrodeln
Innsbruck	Bergwelt	***	Skilifte	Langlauf	Eisrodeln
Murnau	Alpenblick	**	Skilifte	Langlauf	Eisstock-schießen
Pfronten	Zum Ochsen	***	Skilifte	Langlauf	Hallenbad
Reutte	Alpenglühen	****	Skilifte	Eislaufbahn	Hallenbad
Reutte	Lamm	*****	Skilifte	Eislaufbahn	Hallenbad
Scherneck	Zillertal	****	Skilifte	Langlauf	Hallenbad
Seefeld	Gipfelhorn	****	Langlauf	Skilifte	Erlebnisbad
Seefeld	Post	***	Skilifte	Langlauf	Erlebnisbad
St. Johann	Panorama	**	Wanderwege	Skilifte	Langlauf

Finde heraus, an welchem Urlaubsort und in welchem Hotel die Familie ihren Urlaub verbringt.

96 Lesen ist ein prima Hobby

a Lies die Texte auf der rechten Seite genau.

b Die linken und rechten Buchseiten passen nicht zum jeweiligen Buch in der Mitte. Finde zunächst heraus, welche Buchseiten zu welchem Buch passen. Übertrage dann die beiden Lösungsbuchstaben der linken Texte richtig in die leeren Kästchen auf der linken Buchseite. Die Lösungsbuchstaben der rechten Texte kommen in das Kästchen auf der rechten Buchseite. Die Buchstaben ergeben einen Lösungssatz. Folge beim Lesen dem Weg des Bücherwurms.

c Schreibe den Lösungssatz auf.

d Eine Buchsorte fehlt unserem Bücherwurm. Male sie farbig aus.

Wörterbuch	Kochbuch	Märchenbuch
Tierbuch	Abenteuerbuch	Reisebuch

Wellensittiche sind sehr gescheite Vögel. Man kann ihnen das Sprechen beibringen. Aber die lustigen Tiere brauchen unbedingt jemanden, der sich ständig mit ihnen beschäftigt.
si

Plötzlich kam ein schreckliches Gewitter auf in diesem unheimlichen Tal. Alex schaute ganz vorsichtig zu dem mächtigen Baum hinauf, wo sie sich versteckt haben könnte.
te

Italien liegt im Süden von Europa. Seine Badeorte an der Adria sind bekannt und beliebt. Im Sommer sind die Strände meist überfüllt.
Rom ist die Hauptstadt von Italien.
un

Wenn wir jemanden mit Sie anreden, dann schreiben wir die Anredefürwörter in Briefen groß: Sie, Ihnen, Ihr …
wie

Rotkäppchen machte sich auf den Weg zu ihrer Großmutter. Mit dem schweren Korb am Arm suchte sie sich den Weg durch den Wald. Bald tauchte das Häuschen der Großmutter auf.
Bü

Wir wussten alle, dass es sehr gefährlich war, in dieses Tal zu kommen. Es war das Tal der furchtbaren gelben Schlange. Aber wir mussten den Weg wagen.
Fre

gehen – ging – gegangen
malen – malte – gemalt
schreien – schrie – geschrien
lesen – las – gelesen
holen – holte – geholt
gu

Es waren einmal zwei Kinder. Sie waren Schwester und Bruder und hießen Hänsel und Gretel. Ihre Eltern waren sehr arm. Eines Tages sagte der Vater:
cher

Paris ist die Hauptstadt von Frankreich. Die Stadt bietet ganz viele Sehenswürdigkeiten. Das größte Erlebnis ist die Besteigung des Eiffelturms. Man kann von dort über die ganze Stadt schauen.
de

Die Katze ist ein Haustier, das seinem Besitzer viel Freude bereitet. Wenn die Katze im Haus gehalten wird, dann ist ein Kratzbaum für das Tier in jedem Falle notwendig.
nd

Fernsehzeit – Informationen verknüpfen

In diesem Kapitel musst du genau auf den Sinn des Textes achten, damit du die Informationen bearbeiten kannst.

97 Das Abendprogramm

a Ärgerlich! Der neue Fernseher ist gerade mal eine Woche alt und funktioniert nicht mehr einwandfrei. Alle Augenblicke gibt der Ton einen nervigen Zischer von sich.

Leons Papa hört gerade die Ansage für das Abendprogramm, kann aber nicht alles verstehen. Kannst du ihm helfen?

Und so hört sich die Programmansage der Sprecherin an:

Guten Abend, liebe Zuschauerinnen und ________________, der heutige Fernsehabend ________________ mit dem Spielfilm „In den Fängen des geheimnisvollen Drachens“. Danach ________________ Sie einen Bericht über Tiere in den Wäldern des Amazonas. Viele Tiere sind dort vom ________________ bedroht. Unser vielfältiges ________________ gibt Ihnen dann die Gelegenheit, einer ________________ mit bekannten Persönlichkeiten beizuwohnen. Das Thema dieser Talkshow ist noch offen.

Unser Abendprogramm endet mit einem weiteren spannenden ________________ mit dem Titel „Das Geheimnis der sieben Augen“. Mit diesem ________________ darf ich mich von Ihnen ________________ und Ihnen gute ________________ wünschen.

b Vielleicht hast du die fehlenden Textstellen bereits selbst ersetzen können.
Wenn nicht, dann helfen dir die Wörter in der unteren Tabelle. Nicht alle Wörter passen.
Suche sinnvolle aus und markiere die verwendeten Wörter farbig.

Aussterben	beginnt	begrüßt
Gesprächsrunde	Nachrichten	Programm
Radio	sehen	Sendung
Spielfilm	Unterhaltung	Überblick
verabschieden	wollen	Zuschauer

c Trage die passenden Wörter ein.
Versuche nun als Fernsehansager den ganzen Text fehlerfrei und flüssig zu lesen.

98 Wahr oder falsch?

Vergleiche noch einmal genau mit der Aufgabe 97 und entscheide, ob die folgenden Sätze wahr oder falsch sind.
Kennzeichne die Sätze mit w (wahr) oder f (falsch).

Der Spielfilm heißt „In den Fängen des grausigen Drachens“.	
Es gibt einen Bericht über die Tiere in den Wäldern des Amazonas.	
An der Gesprächsrunde beteiligen sich bekannte Persönlichkeiten.	
Das Thema der Gesprächsrunde heißt „Wie schütze ich mich vor Krankheiten im Urlaub?“.	
Das Abendprogramm endet mit dem Film „Das Geheimnis der neun Augen“.	
In den Amazonaswäldern sind viele Tiere von Krankheiten bedroht.	
Im Abendprogramm läuft ein spannender Film.	
Die Sprecherin wünscht den Zuschauern einen guten Abend.	
In einer Gesprächsrunde mit vielen bekannten Persönlichkeiten geht es um die Wälder des Amazonas.	

99 Zapping-Philipp

Zappen (im Englischen nennt man das zapping – spricht: säpping) ist das häufige Umschalten mit der Fernbedienung von einem Programm zum anderen.

Zapping-Philipp – von einem Programm zum anderen

Wo waren Sie gestern Abend,
als der Mord geschah?
Ich war allein zu Hause.
Glauben Sie mir, Herr Kommissar!
Dann ging eine riesige Lawine
am Wochenende im Skigebiet nieder
und begrub fünf Menschen unter sich.
Deshalb für den Katzenfreund
nur Katzin! Wenn die Katze
gesund und munter bleiben soll.
Wir sind die Champions – schubidubidu,
wir sind die Größten – schubidubidu.
Aber, Herr Professor Mayer!
So, wie Sie das sagen,
ist das nicht richtig.
Ich habe das ganz anders gemeint.
Der Mäusebussard hat sich wieder
in unserer Heimat niedergelassen,
obwohl er vom Aussterben bedroht war.
Bevor Sie das Fleisch
in die Pfanne geben,
müssen Sie unbedingt
die Zwiebeln angebraten haben.

Lies das Gedicht genau durch und entscheide, in welchen Zeilen die einzelnen Sendungen stehen! Wenn du sicher bist, kannst du die einzelnen Textteile farbig markieren!

a Tiersendung Zeile ______ bis Zeile ______

b Nachrichten Zeile ______ bis Zeile ______

c Musiksendung Zeile ______ bis Zeile ______

d Krimi Zeile ______ bis Zeile ______

e Kochstudio Zeile ______ bis Zeile ______

f Werbung Zeile ______ bis Zeile ______

g Talkshow Zeile ______ bis Zeile ______

100 Talkshow

Wichtige Leute waren zur Talkshow zum Thema Hunde eingeladen:

Herr Vielsprecher der Gastgeber	Herr Bofinger vom städtischen Tierheim	Frau Mayer-Schlüter, Hundegegnerin	Frau Rollbügel, Hundebesitzerin	Herr Professor Geisbart, Professor für Hundeforschung

Das Gespräch wurde sehr lebhaft geführt. Herr Vielsprecher bat die Gäste: „Bitte, sprechen Sie doch einer nach dem anderen! Sonst können unsere Zuschauer überhaupt nichts verstehen."

Endlich ist wieder Ordnung in die Gesprächsrunde gekommen.
Entscheide, wer die folgenden Beiträge gesprochen hat.
Male die Kästchen in derselben Farbe aus wie die Namen der Personen.

a Hunde sind die besten Freunde des Menschen. Sie sind treu und immer für einen da. Ich wüsste nicht, was ich ohne meinen Lumpi machen sollte. Mein Hund macht mir große Freude. Er begleitet mich überallhin und weiß sich überall zu benehmen. ☐

b Der Hund stammt vom Wolf ab. Wir als Wissenschaftler haben herausgefunden, dass der Hund wie sein Vorfahre, der Wolf, ein Rudeltier ist. Im Gegensatz zur Katze als Schleichjäger ist der Hund ein Hetzjäger. Es gibt sehr viele Hunderassen. ☐

c Wenn ich Hunde schon sehe! Den ganzen Tag dieses Gekläffe. Im Park muss man aufpassen, damit man nicht in den Hundedreck tritt. Hunde gehören verboten! Die Besitzer müssten so viel Hundesteuer zahlen, dass sie sich Hunde gar nicht mehr leisten können. ☐

d Ich wünsche mir von den Hundebesitzern viel, viel mehr Verantwortung. Nicht alle Menschen sind zur Haltung eines Hundes geeignet. Hunde sind Lebewesen und kein Spielzeug. Zu Weihnachten werden Hunde gekauft und dann gibt man sie bei uns ab. Schlechte Zeiten für die Hunde sind auch die Urlaubsmonate. Weil der Hund stört, wird er einfach an der Autobahn ausgesetzt. Schlimme Menschen, die so mit Hunden umgehen! ☐

e Wir haben heute eine ganze Menge über Hunde erfahren.
Sie können sich nun ein gutes Bild vom Umgang mit Hunden machen.
Ich danke Ihnen, dass Sie gekommen sind.
Wir, liebe Zuschauer, sehen uns am Mittwoch wieder, wenn es heißt:
Wieso können Wellensittiche sprechen? ☐

101 Das Bild zum Text

Im Fernsehprogramm kannst du dich durch Bilder und durch Texte informieren. Die Bilder müssen aber zum Text passen und umgekehrt. Das ist nicht immer ganz einfach.

Wähle die Bilder richtig aus und ordne sie dem passenden Text zu.

a Im Reich der Giganten

Der letzte Teil der Filmreihe schildert das Leben des Allosaurus. Schon kurz nach der Geburt ist „Big Al" auf sich allein gestellt. Bald schließt er sich zur Beutejagd mit anderen Tieren zusammen. Im Film werden Trickaufnahmen des echten „Big Al" gezeigt. Ein 150 Millionen Jahre altes Skelett wurde im Jahre 1921 gefunden. Es ermöglichte Wissenschaftlern, das Leben des Allosaurus zu erforschen.

Bild ☐

b **Geheimnisvoll**

Wo ist das „Schwarze Loch", das im Weltall die Materie verdichtet, Licht verschluckt und die Zeit stillstehen lässt? Wissenschaftler suchen nach einer Formel, mit der sie unserem Weltall alle Geheimnisse entlocken können. Was ist Wirklichkeit und was ist Fantasie? Wo sind die Grenzen unseres Wissens? Es gibt viele Fragen und unsere Sendung versucht, sie zu beantworten. Es wird spannend bei der neuen Folge unserer Reihe zum Weltall.

Bild ☐

c **Der letzte Kampf**

Viele Jahre hat es gedauert, bis Musashi den abtrünnigen Samurai Hideyoshi endlich fand. In einem kleinen Bauerndorf im Süden Japans stellt er ihn zu einem letzten Duell. Beide zücken ihre Schwerter und ein heftiger Kampf entbrennt. Wird der ehrenvolle Krieger Musashi gegen den hinterlistigen Hideyoshi gewinnen?

Bild ☐

d **Unsere Umwelt**

Unser Klima ist in Gefahr. Die weltweite Erwärmung der Erde zeigt bereits eine gefährliche Wirkung. Weil es zu wenig regnet, wachsen die Wüsten im Süden Afrikas täglich um etwa 100 Quadratkilometer! Kein Baum, kein Strauch bis zum Horizont. Wir haben unser Schicksal selbst in der Hand: Entweder wir verringern die schädlichen Giftstoffe von Autos und Fabriken und anderen Abgasen, oder wir erleben die Rache der Natur!

Bild ☐

1
2
3
4
5
6
7
8
9
10
11
12

Zwillinge sind (fast) ganz gleich – Unterschiede entdecken

Tipp!
Lies die Texte mehrmals durch und markiere die unterschiedlichen Stellen.

Es wird schwieriger! Du musst das Lesen der Texte nun sehr sicher beherrschen, damit du die Unterschiede entdecken kannst.

102 Tim und Tom

Tim und Tom sind Zwillinge. Wie viele Zwillinge sehen sie sich sehr ähnlich und nur ihre Eltern können sie unterscheiden. In manchen Dingen aber kann man auch bei Tim und Tom Unterschiede erkennen.

a Entscheide anhand der beiden Steckbriefe, wer Tim und wer Tom ist. Schreibe den entsprechenden Namen zu den Jungen.

Steckbrief Tim

Hallo! Ich bin am 22. Januar geboren und wohne in der Uferstraße 23. Mit meinem Bruder teile ich ein schönes Kinderzimmer im zweiten Stock unseres Hauses. Vor drei Jahren bin ich in die Grundschule gekommen. Am meisten Spaß machen mir die Fächer Deutsch, Sport und Kunsterziehung. Außerhalb der Schule bin ich im Tennisverein. In meiner Freizeit lese ich sehr viel. Am liebsten mag ich Detektivgeschichten, weil ich die sehr spannend finde. Mein Bruder liest auch viele Bücher. Jeden zweiten Mittwoch gehe ich in die Stadtbücherei, um mir neue Bücher auszuleihen. Wir haben aber auch viele eigene Bücher in unserem Bücherregal stehen. Viel Zeit verbringe ich mit meinem Haustier. Es ist ein Hamster, der mir viel Freude macht. Natürlich muss ich für ihn ganz alleine sorgen und auch das Futter bezahle ich von meinem Taschengeld. Manchmal aber bekomme ich dafür ein paar Euro von Tante Inge. Nach der vierten Klasse möchte ich ins Gymnasium gehen. Ich bin vor allem an Fremdsprachen interessiert. Später will ich einmal Sprachenlehrer werden. Zunächst aber freue ich mich erst einmal auf die Ferien. Wir fahren mit unseren Eltern in den Süden ans Meer. Am Strand werde ich hoffentlich einige Freunde finden.

Steckbrief Tom

Hallo! Ich bin am 22. Januar geboren und wohne in der Uferstraße 23. Mit meinem Bruder teile ich ein schönes Kinderzimmer im zweiten Stock unseres Hauses. Vor drei Jahren bin ich in die Grundschule gekommen. Am meisten Spaß machen mir die Fächer Mathematik, Sport und Kunsterziehung. Außerhalb der Schule bin ich im Tennisverein. In meiner Freizeit lese ich sehr viel. Am liebsten mag ich Zukunftsromane, weil ich die sehr aufregend finde. Mein Bruder liest auch viele Bücher. Jeden zweiten Mittwoch gehe ich in die Stadtbücherei, um mir neue Bücher auszuleihen. Wir haben aber auch viele eigene Bücher in unserem Bücherregal stehen. Viel Zeit verbringe ich mit meinem Haustier. Es ist ein Wellensittich, der mir viel Freude macht. Natürlich muss ich für ihn ganz alleine sorgen und auch das Futter bezahle ich von meinem Taschengeld. Manchmal aber bekomme ich dafür ein paar Euro von Tante Barbara. Nach der vierten Klasse möchte ich ins Gymnasium gehen. Ich bin vor allem an Sport interessiert. Später will ich einmal Tennisprofi werden. Zunächst aber freue ich mich erst einmal auf die Ferien. Wir fahren mit unseren Eltern in den Süden ans Meer. Am Strand werde ich hoffentlich einige Muscheln finden.

b Schreibe aus dem Tom-Text alle Wörter, die sich vom Tim-Text unterscheiden, der Reihe nach in Großbuchstaben in die Kästchen.

	6			16									
			15					11					
14					12	1		8					
				4	7					2			
13			9										
5													
		17											
	10						3						

c Übertrage die Buchstaben aus den Nummernkästchen in diesen Lösungskasten. Bei richtiger Lösung erfährst du, was die Zwillinge Tim und Tom in den Ferien gemeinsam machen.

Tim und Tom wollen zusammen …

1	2	3	4		5	6	7	8	9	10	11	12		13	14	15	16	17

103 Die Zwillinge auf dem Wandertag

Tim besucht die Klasse 3a und Tom geht in die Klasse 3c. Beide Klassen machen einen Wandertag. Die Kinder freuen sich sehr darauf. In den beiden Klassen haben die Buben und Mädchen über den Wandertag abgestimmt. Erkennst du die Unterschiede?

Groß war die Freude bei der 3a, als die Lehrerin, Frau Gerber, den Wandertag ankündigte. Und die Kinder hatten tausend Ideen, was man am Wandertag alles machen könnte. Damit nicht alle durcheinanderredeten, durfte einer nach dem anderen seine Vorschläge einbringen und am Ende wurde abgestimmt.
Der Ausflug der 3a ging nach Waldstetten, das etwa 50 km entfernt ist. Mit einem Reisebus fuhren die Kinder über Holzhausen und Birnbach nach Waldstetten ins Wellenhallenbad. Dort war allerhand los. Ganz besonders lustig waren die beiden Riesenwasserrutschen. Frau Gerber hatte alle Mühe, ihre Schülerinnen und Schüler gegen 13.00 Uhr aus dem Wasser zu locken. Da es ein wunderschöner Sommertag war, machte die Klasse 3a noch eine zweistündige Wanderung in den Wäldern um Waldstetten. Eine lustige Schnitzeljagd beendete gegen 17.00 Uhr den gelungenen Wandertag. Dann ging es mit dem Bus wieder nach Hause.

Groß war die Freude bei der 3c, als die Lehrerin, Frau Berger, den Wandertag ankündigte. Und die Kinder hatten tausend Ideen, was man am Wandertag alles machen könnte. Damit nicht alle durcheinanderredeten, durfte einer nach dem anderen seine Vorschläge einbringen und am Ende wurde abgestimmt. Der Ausflug der 3c ging nach Herrnhausen, das etwa 60 km entfernt ist. Mit einem Reisebus fuhren die Kinder über Burgwalden und Hofgehren nach Herrnhausen ins Abenteuerparadies. Dort war allerhand los. Ganz besonders lustig waren die beiden Riesenkletterwände. Frau Berger hatte alle Mühe, ihre Schülerinnen und Schüler gegen 13.00 Uhr aus dem Abenteuerparadies zu locken. Da es ein wunderschöner Sommertag war, machte die Klasse 3c noch eine zweistündige Besichtigung des Naturparks von Herrnhausen. Eine beeindruckende Tierfütterung beendete gegen 18.00 Uhr den gelungenen Wandertag. Dann ging es mit dem Bus wieder nach Hause.

Am nächsten Tag sprechen die Kinder über ihren tollen Wandertag:

Vergleiche die Äußerungen der Kinder mit den beiden Texten und entscheide: Wer von den Kindern geht in die 3 a und wer in die 3 c? Kreuze an!

	3 a	3 c
Patrick		
Elsa		
Kevin		
Jan		
Karin		
Nora		
Lisa		
Oliver		
Daniela		

Alarm, Viren im Text! – Auffinden von falschen Angaben

Tipp!
Dein Leseauge muss hier wie ein Scanner über den Text gleiten.

104 Warum die Aufregung im Affengehege?

Hilfe! In den folgenden Texten haben sich „Virenwörter" eingenistet. Das sind einzelne Wörter, die in die Sätze nicht hineinpassen.

a Lies den Text genau.
Markiere dann alle Wörter im Text, die sich unerlaubt eingeschlichen haben.

Leon und Anna gehen Die heute in den Zoo und bleiben gleich vor dem Affengehege stehen: „Da, schau dir einmal den großen Affen an!", kichert Anna. „Der turnt an den Seilen wie ein Zirkusakrobat!" „Ja, und jetzt sitzt er schon wieder auf dem höchsten Ast!" Leon kommt mit dem Schauen gar nicht Affen mehr nach.
Zwei kleine Affenkinder klettern unbeholfen zwischen sehen den Steinen und Büschen und fallen auf die Nase. In einer dicken Astgabel macht es sich der Oberaffe bequem und verteidigt seinen guten Platz mit Armen und Zähnen. Vor dem Gehege freuen sich die Besucher über die Tiere. Ein ihren kleiner Affe spitzt hinter einem Felsen hervor. Er will wohl nicht, dass die Affenmutter sein Fell nach Läusen absucht.
Plötzlich steht ein Affe gefährlich nah am Graben. „Kann er darüberspringen?", möchte Anna wissen. Gerade als Leon Tierpfleger antworten will, kommt plötzlich Bewegung in die Affengesellschaft. Die Tiere sausen wie wild in den hinteren Teil des Affengeheges. Andere mit jagen in riesigen Sprüngen über die dem Felsbrocken. Unter dem großen Tor zum Inneren des Affenhauses ist leckeren das Geheimnis zu finden, warum Futter die Affen alle in Aufregung geraten sind.

b Schreibe die Wörter der Reihe nach heraus.
Dann kannst du das Geheimnis um die Aufregung im Affengehege lüften.

105 Affen-Durcheinander

a Lies die Sätze genau durch.
Unterstreiche die Wörter, die anders sind als in Aufgabe 104.

„Da, schau dir einmal den großen Seelöwen an!“, kichert Anna.

In einer dicken Astgabel macht es sich der Chefaffe bequem und verteidigt seinen guten Platz mit Armen und Zähnen.

Er will wohl nicht, dass die Affenpflegerin sein Fell nach Läusen absucht.

Plötzlich steht ein Affe gefährlich nah am Wassergraben.

Die Stars sausen wie wild in den hinteren Teil des Affengeheges.

b Schreibe die veränderten Wörter in die Kästchen.
Lies die Buchstaben in den blauen Feldern von oben nach unten und trage das Lösungswort ein.

Glückwunsch! Dein Leseauge ist so gut wie ein _______.

c Kannst du auch diese durcheinandergepurzelten Wörter aus dem Text lesen?

Armtfnuftee

ibkrksZoruaat

cFlrsekoebn

Aefggnruu

106 Das unheimliche Licht in der Lerchenstraße

Hauptkommissar Holzberger und Kommissar Tischler sind eben über Handy an den Tatort in der Lerchenstraße gerufen worden. Wenige Minuten später erreichen die beiden Kommissare das Haus in der Lerchenstraße 112. Es ist Nacht und der Nebel verdeckt die Sicht.

Nur ganz schwach können sie die Umrisse des Hauses erkennen. Sie öffnen leise das Gartentor und gehen über den Rasen auf das Haus zu. Trotz des Nebels erkennen sie, dass im ersten Stock des Hauses in einem Zimmer das Licht an- und ausgeht. Das Zimmer liegt genau über dem Eingang. Kein Zweifel: In regelmäßigen Abständen geht das Licht an und wieder aus – immer wieder an und immer wieder aus. Und schon wieder: Das Licht geht an und das Licht geht aus. Jetzt wissen die Männer, warum sie gerufen wurden.

„Hier sind vermutlich Einbrecher am Werk!“, stellt Hauptkommissar Holzberger fest. „Natürlich!“, antwortet der andere Kommissar. „Das Licht scheint von der Taschenlampe des Einbrechers zu stammen.“

Frau Glotzinger, die Nachbarin, war es, die die Polizei gerufen hat. Sie teilte den Kripomännern mit, dass die Hausbesitzer heute Abend im Theater sind und nicht vor Mitternacht zurückkommen. So kann sich der Einbrecher in aller Ruhe umsehen.

„Hier ist das Kellerfenster nur gekippt!“ Kommissar Tischlers geschultem Blick ist das nicht entgangen. „Dann nichts wie ins Haus!“, befiehlt der Hauptkommissar. Im Nu ist das Kellerfenster geöffnet und die beiden Kripoleute zwängen sich durch das Fenster ins Innere des Hauses. Ganz langsam, ganz leise und ganz vorsichtig schleichen sie die Kellertreppe hinauf. Sie befinden sich jetzt im Flur. Im Haus ist es ganz still. Man würde eine Stecknadel fallen hören. Nur eine große Wanduhr tickt und unterbricht die Stille.

Dann – ein Geräusch. Die beiden Kommissare gehen blitzschnell in Deckung und verstecken sich hinter der Tür. Puh! Es ist das Telefon, das plötzlich läutet. Hoffentlich wird der Einbrecher durch das Klingeln nicht nervös. Nach einigen Augenblicken verstummt das Telefon.

Langsam gewöhnen sich die Augen der Polizisten an die Dunkelheit. Und so tasten sie sich ganz vorsichtig am Treppengeländer in den ersten Stock des Hauses vor. Dort ist es ganz ruhig. Man kann keine Geräusche hören. Im oberen Stockwerk gibt es drei Zimmer. Das mittlere Zimmer liegt genau über dem Hauseingang. Also muss sich der Einbrecher in diesem Raum aufhalten. Hauptkommissar Holzberger drückt ganz langsam die Türklinke nach unten und öffnet die Tür.

Die beiden Polizisten halten den Atem an. Die Tür ist nun einen Spalt breit geöffnet. Sie haben sich nicht geirrt: Das Licht geht an und wieder aus. Jetzt können sie auch deutlich Geräusche hören. Der Einbrecher durchsucht das Zimmer wohl gründlich.

Hauptkommissar Holzberger und Kommissar Tischler geben sich ein Zeichen. Kommissar Tischler zählt bis drei und die beiden schalten dann ihre Taschenlampen ein.

Mit Anspannung im ganzen Körper stehen sie dem Einbrecher gegenüber.
Doch sie können ihn nicht verhaften …

a Warum können die beiden Kommissare den Einbrecher nicht verhaften?
Schreibe deine Meinung auf!

b Die beiden Kommissare müssen einen Bericht schreiben.
Du kannst ihnen dabei helfen. Sieben Fragen sind zu beantworten.
Markiere dazu die richtige Antwort in Spalte 1 und das Nachbarwort in Spalte 2.

	1	2
Wie heißt die Frau, die den Einbruch gemeldet hat?	Glotzinger Bofinger Holzinger	Bitte holen Sie
Wo liegt der Tatort?	Färberstraße Lärchenstraße Lerchenstraße	heute noch kommen
Wo liegt das verdächtige Zimmer?	zweiter Stock erster Stock Dachgeschoss	bringen Sie mit
Die Tageszeit zur Tatzeit?	morgens mittags nachts	es eilt sofort
Das Wetter zur Tatzeit?	Sonne Nebel Wolken	fahren in die Zeitung
Wie kamen die Polizisten ins Haus?	Kellerfenster Dachluke Balkon	Lerchenstraße 112! Hauseingang offen
Wo waren die Hausbesitzer zur Tatzeit?	Urlaub Kino Theater	Taschenlampe Einbrecher Ein Einbruch!

c Hauptkommissar Holzberger hatte einen schlechten Empfang auf seinem Handy.
In Spalte 2 siehst du den Wortsalat. Lies deine markierten Wörter von oben nach unten.
Dann hast du die Meldung, die die Polizei erhalten hat.

Die Meldung lautete:

____

____

____

d Entdecke nun du den Einbrecher und erkläre, warum er nicht verhaftet werden konnte! Forsche dazu nach den falschen Wörtern im Text. Sie sind in die Geschichte eingedrungen wie der Einbrecher.
Markiere sie und schreibe sie der Reihe nach in die Zeilen.

Hauptkommissar Holzberger und Kommissar Die Tischler sind eben über Handy an den Tatort in der Lerchenstraße gerufen worden. Wenige Minuten später erreichen die beiden Kommissare das Haus in der Lerchenstraße Katze 112. Es ist Nacht und der Nebel verdeckt die Sicht. Nur ganz schwach können sie die Umrisse des Hauses erkennen. Sie öffnen Bärli leise das Gartentor und gehen über den Rasen auf das Haus zu. Trotz des Nebels erkennen sie, dass im ersten Stock des Hauses in einem Zimmer das Licht an- und ausgeht. Das Zimmer liegt genau über dem Eingang. Kein Zweifel: In regelmäßigen Abständen geht das Licht an und wieder aus – immer wieder an und immer wieder spielte aus. Und schon wieder: Das Licht geht an und das Licht geht aus. Jetzt wissen die Männer, warum sie gerufen wurden.

„Hier sind vermutlich mit Einbrecher am Werk!“, stellt Hauptkommissar Holzberger fest. „Natürlich!“, antwortet der andere Kommissar. „Das Licht scheint von der Taschenlampe des Einbrechers zu stammen.“

Frau Glotzinger, die Nachbarin, war es, die die Polizei gerufen hat. Sie teilte den Kripomännern mit, dass die Hausbesitzer heute der Abend im Theater sind und nicht vor Mitternacht zurückkommen. So kann sich der Einbrecher in aller Ruhe umsehen.

„Hier ist das Kellerfenster nur gekippt!“ Kommissar Tischlers geschultem Blick ist das nicht entgangen. „Dann nichts wie ins Haus!“, befiehlt der Hauptkommissar. Im Nu ist das Kellerfenster Schnur geöffnet und die beiden Kripoleute zwängen sich durch das Fenster ins Innere des Hauses. Ganz langsam, ganz leise und ganz vorsichtig schleichen sie die Kellertreppe hinauf. Sie befinden sich jetzt im Flur. Im Haus der ist es ganz still. Man würde eine Stecknadel fallen hören. Nur eine große Wanduhr tickt und unterbricht die Stille.

Dann – ein Geräusch. Die beiden Kommissare gehen blitzschnell in Deckung und verstecken sich hinter der Tür. Puh! Es ist das Telefon, das plötzlich läutet.

Hoffentlich wird der Einbrecher durch das Klingeln Leselampe nicht nervös. Nach einigen Augenblicken verstummt das Telefon.

Langsam gewöhnen sich die Augen der Polizisten an die Dunkelheit. Und so tasten sie sich ganz vorsichtig am Treppengeländer in den ersten und Stock des Hauses vor. Dort ist es ganz ruhig. Man kann keine Geräusche hören. Im oberen Stockwerk gibt es drei Zimmer.

Das mittlere schaltete Zimmer liegt genau über dem Hauseingang. Also muss sich der Einbrecher in diesem Raum aufhalten. Hauptkommissar Holzberger drückt ganz langsam die Türklinke nach unten und öffnet die die Tür.

Die beiden Polizisten halten den Atem an. Die Tür ist nun einen Spalt Lampe breit geöffnet. Sie haben sich nicht geirrt: Das Licht geht an und wieder aus. Jetzt können sie auch deutlich Geräusche hören. Der immer Einbrecher durchsucht das Zimmer wohl gründlich.

Hauptkommissar Holzberger und Kommissar an Tischler geben sich ein Zeichen. Kommissar und Tischler zählt bis drei aus und die beiden schalten dann ihre Taschenlampen ein.

Mit Anspannung im ganzen Körper stehen sie dem Einbrecher gegenüber.
Doch sie können ihn nicht verhaften …

e Zeichne den Einbrecher.

Knobelaufgabe

107 Lies bei den Logik-Rätseln die Hinweise sorgfältig – sie enthalten alle Informationen, um das Rätsel zu lösen.
Trage in die Tabelle ein Plus-Zeichen („+“) für ein sicheres „Ja“ und ein Minuszeichen („–“) für ein „Nein“ ein. Auf diese Weise ergeben sich in der Tabelle neue Informationen, die sich auch mit einem Plus- oder Minuszeichen markieren lassen.

a Drei Freundinnen bekommen verschieden hohe Taschengeldbeträge.
Welches Mädchen (Vor- und Nachname) erhält wie viel und wofür wird das Geld ausgegeben?

Hinweise

1. Lena liebt Süßigkeiten. Sie bekommt weniger Taschengeld als das Mädchen mit dem Nachnamen Weier.
2. Emma bekommt 5 Euro Taschengeld.
3. Merle gibt ihr Geld nicht für Spielsachen aus.
4. Merle und das Mädchen mit dem Nachnamen Förster bekommen einen anderen Betrag als 4 Euro.

	Förster	Meier	Weier	4 Euro	5 Euro	6 Euro	CDs	Spielsachen	Süßes
Lena							–	–	+
Emma									–
Merle									–
CDs									
Spielsachen									
Süßes									
4 Euro									
5 Euro									
6 Euro									

Vorname	Nachname	Taschengeld	Ausgabe
Lena			Süßes
Emma			
Merle			

b Im Hochhaus in der Ahornstraße herrscht dicke Luft: Einige Mieter benehmen sich wirklich daneben. Welcher Störenfried belästigt wen, und auf welche Art und Weise?

Hinweise

1. Ede wird vorgeworfen, dass er seinen Hund ständig mit voller Absicht zum Bellen provoziert.
2. Herrn Grobmanns Vorname beginnt mit einem Buchstaben, der im Alphabet kurz vor dem Anfangsbuchstaben des Vornamens von Herrn Tauber steht.
3. Herr Maginot fühlt sich durch Herrn Löffler belästigt, aber nicht durch Geräusche des Hämmerns.
4. Familie Märzluft weiß die lustigen Töne eines Saxophons leider nicht zu schätzen.
5. Herr Glück wird von Nachbar Peter gestresst: Der organisiert nämlich eine wilde Party nach der anderen.
6. Nicht nur Männer spielen Saxophon: Thea ist schlicht begeistert von der Vielzahl an Tönen, die sie ihrem Instrument nach wenigen Wochen schon entlocken kann.

Rätsel: Wilhelm Schmidt, www.land-der-woerter.de

		Vorname Störer				Gestörter				Störung			
		Ede	Peter	Rainer	Thea	Fuhrmann	Glück	Maginot	Märzflut	Hämmern	Hundegebell	Party	Saxophon
Nachname Störer	Grobmann												
	Löffler												
	Tauber												
	Volk												
Störung	Hämmern	–											
	Hundegebell	+	–	–	–								
	Party	–											
	Saxophon	–											
Gestörter	Fuhrmann												
	Glück												
	Maginot												
	Märzluft												

Vorname	Nachname	Gestörter	Art der Störung
Ede			Hundegebell
Peter			
Rainer			
Thea			

Lesen 4. Klasse – Tipps zum Üben

In der 4. Klasse lesen Kinder längere Texte und setzen sich vermehrt mit diskontinuierlichen Texten auseinander. Die bereits erworbenen Lesestrategien werden vertieft und geübt.

Lesen im Alltag

- Im Alltag spielt nicht nur das Lesen von „klassischen" Texten (wie Geschichten oder Sachtexten) eine wichtige Rolle. Auch Programme und Fahrpläne müssen gelesen werden. Das lässt sich oft ganz nebenbei üben, z. B. beim Warten an der Bushaltestelle.
- Bei passenden Gelegenheiten sollten Sie gemeinsam Rezepte, Bastelanleitungen und andere Gebrauchstexte lesen.
- In der 4. Klasse können viele Kinder bereits relativ komplexe Gebrauchsanweisungen lesen. Anleitungen für das neue Smartphone oder das Navi sind inhaltlich so interessant, dass Ihr Kind darüber die Mühen des Lesens vergessen kann. Mit der Anleitung für die Waschmaschine werden Sie vermutlich allein kämpfen müssen.

Über Texte sprechen

- Ihr Kind hat ein Buch oder eine Geschichte gelesen? Lassen Sie sich den Inhalt erzählen. Was hat dem Kind an der Geschichte gefallen bzw. nicht gefallen? Was hätte Ihr Kind anstelle der Hauptperson getan?
- Wenn Ihr Kind einen Sachtext gelesen hat: Welche Informationen waren neu? War etwas Überraschendes dabei, was das Kind noch nicht wusste?

Auswahl von Lektüre

- Wenn Sie nach geeignetem Lesestoff suchen, hilft Ihnen diese Seite: www.stiftunglesen.de/service/leseempfehlungen/
- Aber vergessen Sie nicht: Ihr Kind sollte bei der Auswahl mitentscheiden dürfen.

In der Bücherei – Erste Aufwärmübungen zum Einlesen

108 Anna hat eine E-Mail bekommen

Anna schaltet ihren Computer ein und liest folgende E-Mail:

Nachricht | Einfügen | Optionen | Text formatieren | Entwicklertools

Senden

An... Anna@email.de

Cc... Leon@webmail.de

Betreff: Wollen wir morgen in die Bücherei gehen?

Hallo Anna!
Ich gehe morgen Nachmittag in die Stadtbücherei, um meine au⌐geliehenen Bücher zurückzubringen. Besonders toll f⌐nde ich das Buch über die Wiking⌐r. Das möchte ich dir un⌐edingt empfehlen. Auch die ander⌐n Bücher sind spanne⌐d. Das Buch mit den Detektivgeschichten habe ich gleich zweimal gelesen.
Auf jeden ⌐all ⌐ber werde ich einige Büc⌐e⌐ zum Lesen mit nach Hause nehmen.
Ich bin schon neugie⌐ig, ob es ⌐uch wieder Neuerscheinungen in der Sta⌐tbücherei gibt.
⌐asst es dir, wenn wir uns morgen so gegen 14.30 Uhr vor der Büchere⌐ treffen?
Wenn wir fertig ⌐ind, könnten wir ja noch ein Eis essen.
Ci⌐o, bis morgen!
Leon

In die Mail hat sich ein Virus eingeschlichen. Einige Buchstaben sind verloren gegangen. Setze die verlorenen Buchstaben der Reihe nach in die Lösungskästchen ein.

Im ersten Abschnitt erfährst du, wie viele Bücher Leon ausgeliehen hat:

Im zweiten Abschnitt erfährst du, was Anna zur Stadtbücherei mitbringt:

Im dritten Abschnitt erfährst du, wie die Eisdiele heißt, in der die beiden ein Eis essen:

Anna und Leon sind Leseratten. Welche Bücher lesen sie am liebsten? Blättere einfach auf die nächste Seite um!

109 In der Bücherei

a Lies den Text genau und trenne in den ersten drei Abschnitten die einzelnen Wörter mit senkrechten Strichen ab.
Der vierte Abschnitt hat den Rückwärtsgang eingeschaltet.
Diese Wörter musst du von hinten nach vorne lesen.

AnnaundLeonhabensichinderStadtbüchereige troffen.NachdemLeonseineBücherzurückgegebe nhat,schmökerndiebeideninderBüchereiherum.

ERFREUTENTDECKTLEONEINNEUESBUCHÜBERD ASWELTALL,DASERSOFORTMITNIMMT.LEONLIES TNICHTNURWISSENSCHAFTLICHEBÜCHER.ERIS TEINFANVONDETEKTIVGESCHICHTEN.DESHALB LEIHTERSICHZWEIBÄNDEAUSDERREIHE„KOMMI SSARWELBERLÖSTDIESCHWERSTENFÄLLE“AUS.

Ann agefal lenBü cherü berPfe rdeg anzbes ond ers. Sieen tdeckt dreiBü che rüb erPfer de, diesies icha usleiht. DaA nnaimU nte rricht ger ade dieR ömerdu rchnim mt, nim mtsi eau chno cheinBu chm itdem Tit el„Ro m – E inere icheVe rgan gen heit“mit. „Je tztsi ndwi rwied er füre ineWo chem itLe ses toffve rso rgt“, fre uts ichL eon.
neßorg nenie hcis nelletseb dnu éfacsiE sni nedieb eid neheg ierehcüB red hcaN
.tneidrev hcis eis nebah neD .rehcebsiE

b Vergleiche die folgenden Sätze mit dem Text „In der Bücherei.“
Ein Wort ist in jedem Satz anders. Markiere das Wort farbig.

Anna und Leon haben sich in der Apotheke getroffen.
Er ist kein Fan von Detektivgeschichten.
Den haben sie sich gekauft.
Anna gefallen Bücher über Vögel ganz besonders.
Nachdem Leon seine Bücher zurückgegeben hat, schmökern die zwei in der Bücherei herum.
Sie findet drei Bücher über Pferde, die sie sich ausleiht.
Nach der Bücherei gehen die beiden ins Eiscafé und bestellen sich einen riesigen Eisbecher.
Leon liest nicht einmal wissenschaftliche Bücher.
Erfreut entdeckt Leon ein neues Buch über das Weltall, das er schnell mitnimmt.

Streiche nun im Kasten alle oben markierten Wörter durch.

gekauft	Ich	Apotheke	kein	bin
zwei	schon	ein	findet	Vögel
guter	riesigen	einmal	Leser	schnell

Lies die übrig gebliebenen Wörter der Reihe nach und schreibe sie auf die Zeile.
Freue dich über das Ergebnis!

____

110 Den Texten auf die Spur kommen

a Hier liest du vier verschiedene Texte. Unterstreiche die Zeilen, die zusammengehören, mit der vorgegebenen Farbe.

Sterne sind unvorstellbar riesige glühende Kugeln aus Gas. Sie
Schokoriegel mit dem traumhaften Schmelzüberzug sind
Der Rabe saß auf einem Baum und wollte sich eben den
Endlich ist die kalte Jahreszeit vorbei. Die Bäume treiben
heute im Angebot. Überzeugen Sie sich, geschätzte Kundinnen und
erstrecken sich über den gesamten Weltraum. Einige von ihnen
Käse schmecken lassen, den er dem Bauern in seinem Hof vom
üppig ihre Blätter aus. Die Wiesen beginnen zu blühen und die Bäume
sind Millionen Jahre, andere wieder etliche Milliarden Jahre alt.
Tisch gestohlen hatte. Plötzlich sah er unter sich im Gras den Fuchs
werden dichter. In ihrem Schutz können viele Vögel mit dem Brüten
Kunden, von dem süßen Hochgenuss. Der neue Schokoriegel im
daherschleichen. Der blickte zum Raben hinauf und sprach ihn mit
Sterne sind so weit von unserer Erde entfernt, dass wir sie nur als
Fünferpack ist nur heute so billig wie geschenkt. Beachten Sie bitte
beginnen. Die Tage werden spürbar länger, die Sonne steht höher
auch unsere Sonderangebote bei den Waschmitteln. Das superstarke
am Himmel. Es ist wieder angenehm warm draußen. Auch die Menschen
schmeichelnden Worten an: „Sei gegrüßt, Meister Rabe! Ihr seht gut
winzige Lichtpunkte am Nachthimmel erkennen können. Sternbilder
kommen aus ihren Häusern und machen ausgiebige Spaziergänge am
Waschmichfix gibt es in dieser Woche noch zum Traumsparpreis.
aus – wie ein Adler im Sommerwind. Könnt ich nur noch eure Stimme
sind kleine Muster von Sternen. Jedes davon hat einen eigenen
nahe gelegenen See oder in den umliegenden Wäldern. Die Natur ist
Namen, zum Beispiel: der Große Wagen. Die größten Sterne sind die
hören!" Dem Raben gefiel diese Schmeichelei. Um seine Stimme ertönen
Denken Sie auch an die bevorstehenden Feiertage. So manches
erwacht und nichts erinnert an die Kälte des vergangenen Winters.
Schnäppchen können Sie in der Lebensmittelabteilung machen. Nutzen
zu lassen, sperrte er den Schnabel auf. Dabei fiel ihm der Käse auf
Supergiganten. So ist der Stern Antares 700-mal so groß wie die Sonne.
den Boden. Und das wiederum hatte der schlaue Fuchs beabsichtigt.
Sie unsere großzügigen, kostenlosen Parkplätze vor dem Haus.
Ein schönes Jahr liegt vor uns und bis zum Winter ist es noch weit.
Keiner weiß genau, wie viele Sterne es im unendlichen Universum gibt.

b Markiere in den unten stehenden Kästen

- alle Zeilennummern mit Kennbuchstaben **blau**, die zum Text „Sterne sind unvorstellbar …“ gehören.
- alle Zeilennummern mit Kennbuchstaben **gelb**, die zu „Schokoriegel mit dem traumhaften Schmelzüberzug …“ gehören.
- alle Zeilennummern mit Kennbuchstaben **rot**, die zum Text „Der Rabe saß auf einem Baum …“ gehören.
- alle Zeilennummern mit Kennbuchstaben **grün**, die zum Text „Endlich ist die kalte Jahreszeit vorbei …“ gehören.

Zeilennummer	1	2	3	4	5	6	7	8	9	10	11	12
Kennbuchstabe	B	L	B	B	E	U	U	U	C	C	C	S

Zeilennummer	13	14	15	16	17	18	19	20	21	22	23	24
Kennbuchstabe	H	H	E	H	R	T	S	S	I	A	T	E

Zeilennummer	25	26	27	28	29	30	31	32	33	34	35	36
Kennbuchstabe	T	I	A	T	E	T	B	T	E	E	L	E

c Alle Lösungswörter haben mit dem Lesen zu tun. Schreibe sie auf.

blau: ____________________ **gelb:** ____________________

rot: ____________________ **grün:** ____________________

111 **Ein ganz kleiner Unterschied**

Vergleiche die folgenden Zeilen mit den entsprechenden Zeilen der Aufgabe 110 a. Unterstreiche jeweils das Wort, das sich geändert hat.

schmeichelnden Worten an: „Sei du gegrüßt, Meister Rabe! Ihr seht gut
bist im Angebot. Überzeugen Sie sich, geschätzte Kundinnen und
zu lassen, sperrte er den Schnabel auf. Dabei fiel ihm ein Käse auf
Sterne sind so weit von guter Erde entfernt, dass wir sie nur als
Endlich ist die kalte Jahreszeit vorbei. Die Leser treiben

Trage die unterstrichenen Wörter in Großbuchstaben in den Lösungskasten ein.

Lösung: ☐☐ ☐☐☐☐ ☐☐☐

☐☐☐☐☐ ☐☐☐☐☐.

Anna und Leon auf Schnipseljagd – Texte wortgenau lesen

Zum Thema „Wüste“ hält Anna morgen in der Klasse einen Vortrag.
Stolz liest sie ihre Arbeit noch einmal durch:

Die Wüste lebt

Der Wind weht durch den Wüstensand und schichtet den Sand zu Hügeln auf. Diese Hügel nennt man Dünen. Wenn der Wind ständig seine Richtung ändert, dann haben die Dünen keine besondere Form. Weht der Wind aber hauptsächlich aus einer Richtung, dann entstehen häufig Dünen, die die Form einer Mondsichel haben. Diese Dünen haben den Namen Sicheldünen oder Barchan.

Es kommt vor, dass die wandernden Dünen wertvolles Ackerland unter sich begraben. Um das Wandern der Dünen aufzuhalten, pflanzen die Menschen Bäume und Gräser. Sie sollen den Sand verankern.

Ungefähr ein Fünftel aller Wüsten der Erde ist mit Sand bedeckt. Es gibt auch große Gebiete ohne Sand, die sogenannten Gesteinswüsten. Durch das Abholzen von Bäumen und durch die Übergrasung kann fruchtbares Land zur Wüste werden. Das Ergebnis dieses Missbrauchs nennt man Verwüstung.

Auch Klimaveränderungen können zu Wüsten führen. So entstand etwa die Sahara-Wüste vor mehr als 7000 Jahren. In der Wüste gibt es Gebiete mit Wasserversorgung. Das sind die Oasen. Manche Oasen haben Brunnen, die die Bewohner mit Grundwasser versorgen. Alle glauben, dass es in der Wüste immer heiß ist. Das stimmt nur zur Hälfte, denn nachts kühlt es ab und die Wüstengebiete sind sehr kalt. Daher tragen Wüstenbewohner lange Kleider und Kopfbedeckungen. In der Nacht wärmen die Kleider. Am Tag schützen sie vor der Hitze. Sie halten Sand und Staub ab und verhindern einen Sonnenbrand.

112 Ein guter Vortrag

Anna hat an ihrem Vortrag fleißig gearbeitet. Immer wieder hat sie den Text verbessert und die Sätze geändert.

a Finde heraus, welche beiden Sätze gleich sind.
Lies genau und markiere die beiden Sätze mit der gleichen Farbe.

1	Wenn der Wind ständig die Richtung ändert, dann haben die Dünen keine besondere Form.
2	Wenn der Wind ständig seine Richtung ändert, dann haben die Dünen keine besondere Form.
3	Wenn der Wind immer seine Richtung ändert, dann haben die Dünen keine besondere Form.
4	Wenn der Wind ständig die Richtung dreht, dann haben die Dünen keine besondere Form.
5	Wenn der Wind ständig seine Richtung ändert, dann haben die Dünen eine besondere Form.
6	Wenn der Wind ständig seine Richtung ändert, dann haben die Dünen keine besondere Form.
7	Wenn der Wind oft seine Richtung ändert, dann bekommen die Dünen eine besondere Form.

b Welche Sätze aus dem Text „Die Wüste lebt" sind das? Schreibe sie richtig auf die Zeilen. Wörter, die du verwendet hast, kannst du abstreichen.

dieses Das man Ergebnis nennt Verwüstung. Missbrauchs

____

____

und und einen ab Sie Sonnenbrand. Staub Sand verhindern halten

____

____

und Durch durch das die von kann zur werden. Übergrasung Land Bäumen fruchtbares Wüste Abholzen

____

____

____

es zur kalt. Das nachts nur und Hälfte, denn sind sehr kühlt die ab Wüstengebiete stimmt

____

____

____

113 Viel Spaß für Nico

Anna lässt ihren Vortrag auf dem Schreibtisch liegen und geht nach draußen. Sie trifft sich mit Leon zum Spielen. Als sie nach ungefähr drei Stunden zurückkommt, traut sie ihren Augen nicht!
Nico, ihr kleiner Hund, hat das Blatt mit dem Vortrag „Die Wüste lebt" und noch andere Blätter zerbissen und in lauter kleine Papierschnipsel zerlegt.
Nico wedelt vor Freude mit dem Schwanz, als er Anna sieht. Zuerst ist Anna sehr böse auf ihn. Doch der kleine Hund wollte nur spielen. Was bleibt ihr anderes übrig, als die Papierschnipsel zu sortieren und ihren Vortrag wieder zusammenzukleben?
Leon hilft Anna bei der „Schnipseljagd".

a Fast geschafft! Nur noch diese Textschnipsel sind zu bearbeiten. Stelle fest, welche Teile zu Annas Vortrag „Die Wüste lebt" gehören. Markiere im Kasten unten die richtigen Nummern mit den darunter stehenden Kennbuchstaben farbig.

2
ringen.
Die Sprechzeit von
hat sich geändert.
Elternsprechstun
um 13.00 Uhr
rung.

8
und schichtet den Sand zu Hü
der Wind ständig seine Richtung
Form. Weht der Wind aber hau
häufig Dünen, die die Form ein
Sicheldünen oder

6
Diese Hü
dann haben
lich aus einer Richtung,
Mondsichel haben. Dies
kommt vor, dass die W
Wande

5
kommt ein Puppentheater
Schule. Eintrittsgeld von
Cent mitbringen!

7
er gesunden Lebensweise
viel Bewegung. Lieber mal d
mtollen, als ständig vor dem P
r oder
mputer sitzen!

4
te.
wir schon Süßes essen
vergessen, die Zähne
mals Tag

3
kann fruchtbares Land zur das Ab-
auchs nennt man Verwüstung.
en führen. So entstand etwa die
er Wüste gibt es Gebiete mit
e Oasen haben Brunnen

9
ß ist. Das nur zur Hälfte
Gebiete sind sehr kalt. Daher tragen
bedeckungen. In der Nacht wärmen
Hitze. Sie halten Sand und Staub

11
der Wüste
glauben, dass
enn nachts kühlt es ab und die Wüst
Wüstenbewohner lange Kleider und K
e Kleider. Am Tag schützen si

1
ein Fünftel
Ung
große Gebiete ohne San
holzen von Bäumen un
Wüste werden. Das
ch Klimaver

10
nsch
rten Zugvög
erbst verlassen
warmen Afrika. Im
haben herausgefun
wechseln

1	2	3	4	5	6	7	8	9	10	11
DI	ES	EW	EL	FL	ÜS	UZ	TE	LE	AN	BT

Schreibe die markierten Kennbuchstaben der Reihe nach auf.

____

b Finde heraus, wohin die anderen Textschnipsel gehören. Vergleiche sie mit den folgenden Texten und kennzeichne die Zahlen neben den Schnipseln mit der entsprechenden Farbe.

Gruppenergebnis:
Die Rauchschwalbe und ihre Artgenossen sind wie viele andere Vogelarten Zugvögel. Im Herbst verlassen sie unsere Heimat und verbringen den Winter im warmen Afrika. Im Frühling kommen sie wieder. Wir haben herausgefunden: Der Mauersegler sieht einer Schwalbe zum Verwechseln ähnlich. Er gehört aber zu einer anderen Vogelfamilie.

Bis zum Freitag das Kopiergeld mitbringen.
Die Sprechzeit von Frau Reber hat sich geändert.
Elternsprechstunde ist am Montag um 13.00 Uhr oder nach Vereinbarung.
Im März kommt ein Puppentheater in die Schule. Eintrittsgeld von 2 € 50 Cent mitbringen!

Süßigkeiten sind schlecht für die Zähne. Wenn wir schon Süßes essen, sollten wir nicht vergessen, die Zähne zu putzen. Mehrmals am Tag sollten wir frisches Obst essen.
Zu einer gesunden Lebensweise gehört auch viel Bewegung. Lieber mal draußen herumtollen, als ständig vor dem Fernseher oder dem Computer sitzen!

114 Schnipseljagd erfolgreich beendet

Sortiere die Sätze in der richtigen Reihenfolge. Schreibe die Zahlen 1–7 links in die Kästchen. Die Buchstaben hinter den Sätzen verraten dir, welche Note Anna bekommen hat.

- ☐ Jetzt schreibt sie ihren Vortrag über die Wüste noch einmal ab. h
- ☐ Die anderen Kinder stellen viele Fragen zu ihrem Vortrag. g
- ☐ Endlich hat Anna alle Textschnipsel in der richtigen Reihenfolge sortiert. s
- ☐ Anna ist gut vorbereitet und kann viele Fragen beantworten. u
- ☐ Frau Reber ist sehr zufrieden mit Annas Arbeit. t
- ☐ Sorgfältig klebt sie alle Schnipsel auf ein leeres Blatt. e
- ☐ Am nächsten Morgen darf sie als Erste in der Klasse ihr Referat halten. r

1	2	3	4	5	6	7

Sommer, Sonne, Reisezeit – Das Auge schulen

Frau Meyer-Pollander, Frau Kürbenicker und Frau Wellner-Dammert sind drei rüstige ältere Damen, die für ihr Leben gern verreisen. Sie treffen sich im Café und erzählen begeistert von ihrem Urlaub. Im Café ist es etwas laut, sodass man nicht jedes Wort verstehen kann.

115 Drei Damen beim Kaffeeklatsch

a Lerne Frau Meyer-Pollander, Frau Kürbenicker und Frau Wellner-Dammert besser kennen, indem du die versteckten Buchstaben in den Bildern zu Wörtern verbindest.

Frau Meyer-Pollander …

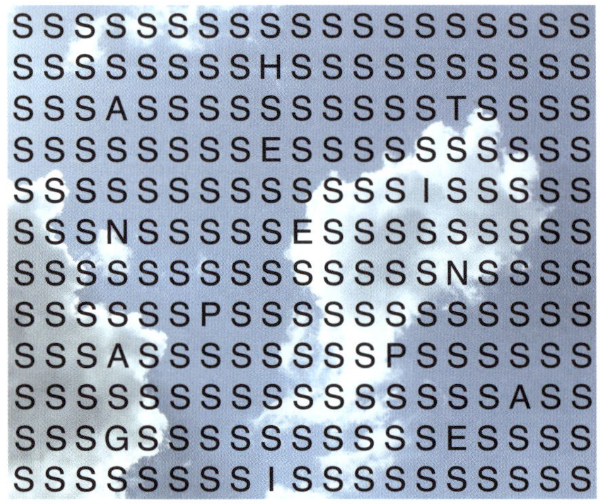

Frau Kürbenicker …

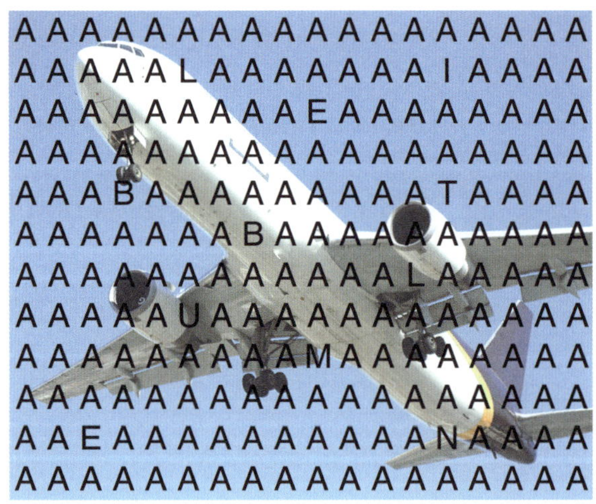

Frau Wellner-Dammert …

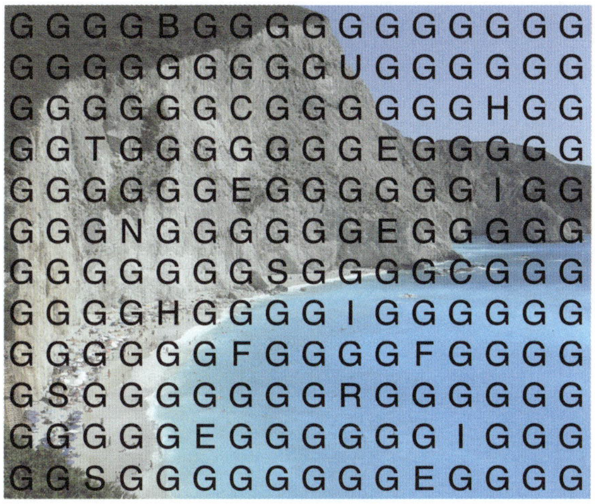

____________________ ____________________

____________________ ____________________

b Hier findest du noch mehr Informationen über die drei Freundinnen.
Markiere die Informationen farbig, die du schon aus den Bildern gewonnen hast.

Frau Kürbenicker	liebt Blumen.
	mag die Farbe Blau überhaupt nicht.
	machte eine Flugreise.
	ist seit einem Jahr Witwe.
Frau Meyer-Pollander	hat eine zehnjährige Enkelin.
	hat cincn Papagci.
	wohnt in der zweiten Etage.
	verreiste mit dem Zug.
Frau Wellner-Dammert	heißt mit Vornamen Marlies.
	buchte eine Schiffsreise.
	liest sehr viel.
	spricht fließend Spanisch.

116 Begrüßungen aus dem Lautsprecher

Lies die Texte durch und finde heraus, welche der drei Damen von Aufgabe 115 diesen Urlaubsbeginn erlebt hat. Kreise den jeweiligen Namen ein.

a Sehr geehrte Reisende! Mein Name ist Tom Buttrow und ich bin ab Düsseldorf Ihr neuer Zugbegleiter. Meine Crew und ich sorgen dafür, dass Sie den Aufenthalt im Intercity Beethoven zu Ihrer vollsten Zufriedenheit genießen können. Getränke und kleine Snacks gibt es in unserer rollenden Bar. Lassen Sie sich auch in unserem Bordrestaurant verwöhnen, das sich in der Zugmitte befindet. Ich wünsche Ihnen eine angenehme Fahrt.

Frau

W	E	L	L	N	E	R	-	D	A	M	M	E	R	T
K	Ü	R	B	E	N	I	C	K	E	R				
M	E	Y	E	R	-	P	O	L	L	A	N	D	E	R

b Sehr geehrte Passagiere, hier spricht Ihr Kapitän. Ich heiße Sie herzlich auf unserem Kreuzfahrtschiff willkommen. Ich befinde mich gerade auf der Kommandobrücke und überwache die sichere Ausfahrt aus unserem Heimathafen. In wenigen Minuten beginnt Ihr mehrwöchiger Traumurlaub auf unserem Schiff. Ich freue mich schon darauf, Sie heute Abend beim Kapitänsempfang persönlich kennenzulernen.

Frau

M	E	Y	E	R	-	P	O	L	L	A	N	D	E	R
W	E	L	L	N	E	R	-	D	A	M	M	E	R	T
K	Ü	R	B	E	N	I	C	K	E	R				

c Meine verehrten Damen und Herren! Hier spricht Ihr Kapitän. Wir befinden uns derzeit über Zürich und nehmen dann Kurs Richtung Süden. Im Moment erreichen wir eine Flughöhe von 11 000 m und eine Reisegeschwindigkeit von 900 km pro Stunde. Bei wolkenlosem Himmel und guter Fernsicht wünsche ich Ihnen eine angenehme Reise.

Frau

W	E	L	L	N	E	R	-	D	A	M	M	E	R	T
K	Ü	R	B	E	N	I	C	K	E	R				
M	E	Y	E	R	-	P	O	L	L	A	N	D	E	R

Schreibe die farbig hinterlegten Buchstaben aus den richtigen Namen nacheinander in den Lösungskasten. Du erfährst dann, wie die Enkelin von Frau Meyer-Pollander heißt.

Die Enkelin heißt

.

117 Das kann nicht sein!

Nun kennst du die drei Damen schon ganz gut, da du die Informationen aus den Aufgaben 115 und 116 richtig verarbeitet hast. Deshalb werden dir in den folgenden Texten je drei Dinge auffallen, die nicht stimmen. Markiere die falschen Informationen mit Farbe und stelle sie anschließend richtig.

Auf dem Schiff gibt es viel zu sehen. Frau Wellner-Dammert hat sich vorgenommen, den Luxusliner in den nächsten Tagen zu erkunden. Doch zunächst ist der Kapitänsempfang. Eine Empfangsdame flüstert dem Kapitän die Namen der Passagiere zu.
Als Frau Wellner-Dammert an der Reihe ist, dem Kapitän die Hand zu schütteln, flüstert die Empfangsdame: „Frau Waltraud Wellner-Dammert". Der Kapitän freut sich und sagt: „Ich habe gehört, Sie sprechen fließend Französisch. Das finde ich wunderbar!"
Der Tag war anstrengend und aufregend, und so zieht sich Frau Wellner-Dammert in ihre Luxuskabine zurück. Da sie nicht gerne liest, lässt sie sich müde in einen bequemen Sessel fallen und sieht sich ein Video an.

____

____

____

____

____

Frau Kürbenicker hat sich einen frischen Saft von der Stewardess bringen lassen.
Sie muss an ihren geliebten Gatten denken, obwohl sie schon seit vielen Jahren Witwe ist. Mit ihrem Mann wäre die Reise noch viel schöner gewesen.
Sie selbst mag zwar Blumen nicht so sehr, aber sie stellt ihrem verstorbenen Gatten jede Woche welche auf das Grab.
Der blaue Himmel, den Frau Kürbenicker durch die Luke sieht, begeistert sie über alle Maßen. Sie mag die Farbe Blau überhaupt sehr gerne. Weil sie sich so wohlfühlt, macht sie ein Nickerchen hoch über den Wolken.

____

____

____

____

____

In etwa einer halben Stunde möchte Frau Meyer-Pollander im Bordrestaurant etwas zu sich nehmen. Eben noch führte sie ein Handygespräch mit ihrer zwölfjährigen Enkelin und nun genießt sie den Blick auf die vorbeiziehende Landschaft. Da sie sich im Intercity einen Fensterplatz reservieren ließ, hat sie einen wunderschönen Blick auf den Rhein und die Weinberge. Während des Urlaubs wird ihre Katze von einer Nachbarin betreut. Die Nachbarin von Frau Meyer-Pollander lebt ebenso wie sie in der vierten Etage ihrer Wohnanlage.

___

___

___

___

___

___

___

___

118 Durch Textsurfen noch mehr Informationen gewinnen

Was sich die drei rüstigen älteren Damen im Café noch erzählen, kannst du dir als Information aus der folgenden Tabelle holen.

Lies die bisherigen Texte in diesem Kapitel noch einmal genau durch. Markiere in der Tabelle alle Begriffe

- mit **blauer** Farbe, die zu Frau Meyer-Pollander passen,
- mit **roter** Farbe, die zu Frau Kürbenicker passen,
- mit **grüner** Farbe, die zu Frau Wellner-Dammert passen.

Marlies	P	Witwe	M	Papagei	M	Heimathafen	Y
Beethoven	Ü	Luxuskabine	R	Stewardess	A	11 000 m	L
Wohnanlage	N	Melanie	C	Zürich	L	liest sehr viel	A
Sessel	M	Spanisch	I	Blumen	O	Nachbarin	H
Fensterplatz	E	Video	D	Gatte	R	Wolken	C
Flughöhe	A	aufregend	E	zehnjährig	N	mehrwöchig	N

Trage alle **blauen** Kennbuchstaben nacheinander in den Lösungskasten ein. Dann erfährst du, wohin Frau Meyer-Pollander verreiste:

Die **roten** Kennbuchstaben verraten dir das Reiseziel von Frau Kürbenicker:

Die **grünen** Kennbuchstaben nennen dir eine Sehenswürdigkeit, die Frau Wellner-Dammert sehr begeisterte:

Knobelaufgabe

119 Was essen wir heute?

Anna, Leon und vier Freunde haben eine Abmachung getroffen: Immer, wenn einige von ihnen gemeinsam in der Schule Mittag essen, wird für alle das gleiche Gericht bestellt. Da ihre Lieblingsgerichte sehr unterschiedlich sind, muss sich jeweils ein Freund nach dem anderen richten. Anna zum Beispiel isst gerne Suppen, aber mit Leon essen sie beide gemeinsam Braten. Elias und Petra entscheiden sich immer für Fisch, wenn aber Alexander mitisst, bestellen die drei Salat. Leon isst zusammen mit Petra Spaghetti, obwohl er eigentlich lieber etwas anderes essen würde. Mattis, der am liebsten Eierspeise isst, richtet sich immer nach Anna.

Was wird bestellt, wenn alle sechs Freunde zusammen essen?

Knobelaufgabe

120 Gestatten, mein Name ist …

Sieh dir die Visitenkarten dieser Personen genau an.
Durch Umstellen der Buchstaben kannst du ihren Beruf herausfinden.

Beispiel: HERR FLÜKO arbeitet als LOKFÜHRER

EMMA RILER STEIN

KARL REIHERVEL

Angebote über Angebote – Informationen erfassen

Das Einkaufszentrum ist wie eine kleine Stadt. Geschäfte, Cafés, Reisebüros, eine Sparkasse, zwei Kinderspielplätze und vieles mehr machen den Aufenthalt zum Erlebnis. Leon und seine Schwester Heike schlendern mit ihrer Oma am Nachmittag an den Geschäften vorbei und sehen sich die zahllosen Angebote an.

Weil Heike und Leon gute Zeugnisse mit nach Hause gebracht haben, dürfen sie sich zur Belohnung ein Geschenk aussuchen. Heike wünscht sich etwas für ihre Kuscheltiersammlung. Einen lustigen kleinen Bären mit Trommel, ein Tiger-Schlampermäppchen und eine Tiger-Geldbörse hat sie bereits. Nun hätte sie noch gern einen Kuschel-Bär, ein Kuschel-Pferd oder einen Kuschel-Tiger.
Leon würde sich riesig freuen, wenn er für seine Fußballer-Figurensammlung Manuel Neuer bekommen könnte. In seiner Technikkiste fehlt ihm außerdem noch ein Mega-Kran mit Kabelsteuerung.

„Ja, ja!", lacht Oma. „Ihr habt immer Wünsche. Doch versprochen ist versprochen! Aber mehr als 15 € für jedes Geschenk kann ich nicht ausgeben."

Noch ist es Winter. Draußen liegt Schnee, aber im Einkaufszentrum ist es wohlig warm. Überall stehen riesige Pflanzen vor den Geschäften. Auf einem großen Platz spritzt ein Springbrunnen hohe Wasserfontänen. Aus Lautsprechern tönt flotte Musik. Man könnte meinen, dass man sich im Sommerurlaub befindet.
Oma läuft mit den beiden Kindern gerade an einem Reisebüro vorbei. Auf ihrem weiteren Bummel sehen sie eine Sparkasse, eine Buchhandlung, ein Bekleidungs-

geschäft, eine Metzgerei, ein Café, ein großes Fachgeschäft für Fernseh- und Videogeräte, ein Schreibwarengeschäft, eine Bäckerei, einen Handy-Shop und einen Döner-Stand. Auf der gegenüberliegenden Seite befinden sich ein Schuhgeschäft, ein Lampengeschäft, ein Spielzeugladen, ein Schmuckgeschäft, eine Teestube, eine Apotheke und eine Pizzeria.

Stundenlang könnten die Kinder durch das Einkaufszentrum spazieren, ohne dass ihnen langweilig wird. Angebote über Angebote springen ihnen in die Augen.
Oma aber ist schon etwas müde und schlägt den Kindern vor: „Setzen wir uns doch in das schöne Café! Ich nehme eine Tasse Kaffee und ein Stück Kuchen und ihr dürft euch einen Pinocchio-Becher bestellen." Damit sind Heike und Leon sofort einverstanden, schließlich haben sie ihre Geschenke inzwischen ausgesucht. Sie finden einen freien Tisch und nehmen Platz. Es macht Spaß, die Leute zu beobachten.
Ein Herr in einem dunkelblauen Mantel stolziert vorbei und trägt eine Einkaufstüte mit der Aufschrift „Lesen macht stark". Das kleine Einkaufspäckchen einer vornehmen Dame trägt die Aufschrift „Juwelen Mayr". Zwei Jugendliche kommen vorbei und lassen sich eine türkische Spezialität schmecken. Eine Mutter zieht ihre kleine Tochter hinter sich her, die an einer Breze knabbert.
„So, Ihr Kaffee mit Kuchen und zweimal Pinocchio für die kleinen Herrschaften!"
„Danke!", sagen Oma und die beiden Kinder. Leon und Heike lassen sich den Pinocchio-Becher schmecken. Während Oma noch ihren Kuchen genießt, packen die beiden Kinder ihre Geschenke aus. Sie können einfach nicht mehr damit warten, bis sie zu Hause sind.

121 Ein Einkaufsbummel macht Spaß

Lies die Geschichte „Angebote über Angebote" und kreuze an, was im Text steht. Schreibe die Kennbuchstaben der Reihe nach in den Lösungskasten.

a Heike und Leon dürfen sich ein Geschenk aussuchen, weil …

- sie Geburtstag haben. ☐ EI
- ihre Zeugnisse gut waren. ☐ GE
- es bald Weihnachten ist. ☐ AN

b Im Café …

- bestellt Oma ein Glas Tee und Kuchen. ☐ NK
- essen die Kinder einen Pinocchio-Becher. ☐ SC
- bringt der Ober allen einen Vanillekrapfen. ☐ GE

c Oma möchte …

- für ein Geschenk nicht mehr als 20 € ausgeben. ☐ BO
- für beide Geschenke etwa 15 € ausgeben. ☐ HÄ
- für jedes Geschenk nicht mehr als 15 € ausgeben. ☐ HE

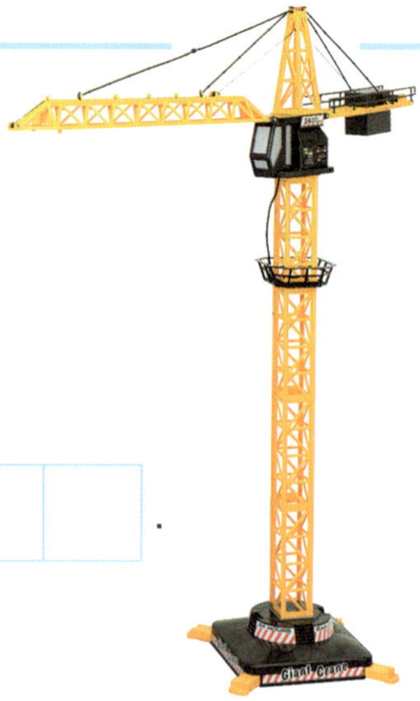

d Was stimmt nun?

Heike hat schon einen Tiger-Rucksack. ☐ FT

Leon sammelt Fußballerfiguren. ☐ NK

Leon hat einen Mega-Kran mit Kabelsteuerung. ☐ TE

Die Kinder freuen sich über ihr ☐☐☐☐☐☐☐☐ .

122 **Ein Geschäft neben dem anderen**

Lies den Text „Angebote über Angebote“ genau.
Wie ist die Reihenfolge der Geschäfte? Fülle die Lücken richtig aus.

Schreibwarengeschäft		Handy-Shop
Lampengeschäft		Schmuckgeschäft
	Apotheke	Pizzeria
Sparkasse		Bekleidungsgeschäft
Bäckerei	Handy-Shop	
	Lampengeschäft	Spielzeugladen

123 **Das gibt es doch nicht!**

Leon macht einen Bummel durch das Einkaufszentrum. Er läuft mal in die eine, mal in die andere Richtung. Dabei kommt er mehrmals an den Geschäften vorbei. Ein Geschäft hat sich hier immer dazwischengemogelt. Streiche es durch.

a Sparkasse, Buchhandlung, Spielzeugladen, Bekleidungsgeschäft, Metzgerei, Café

b Lampengeschäft, Spielzeugladen, Schmuckgeschäft, Teestube, Bäckerei, Apotheke

c Pizzeria, Apotheke, Teestube, Schmuckgeschäft, Spielzeugladen, Reisebüro, Lampengeschäft

d Döner-Stand, Handy-Shop, Blumengeschäft, Bäckerei, Schreibwarengeschäft, Fernseh- und Videogeräte, Café

124 Wer kauft wo ein?

Finde im Text „Angebote über Angebote“ heraus, wo die folgenden Leute eingekauft haben. Kreuze richtig an.

Der Herr im dunkelblauen Mantel:

- ☐ im Schuhgeschäft
- ☐ in der Buchhandlung
- ☐ in der Apotheke

Die vornehme Dame:

- ☐ in der Bäckerei
- ☐ im Lampengeschäft
- ☐ im Schmuckgeschäft

Die zwei Jugendlichen:

- ☐ am Döner-Stand
- ☐ im Handy-Shop
- ☐ im Spielzeugladen

Die Mutter mit ihrer kleinen Tochter:

- ☐ im Reisebüro
- ☐ in der Bäckerei
- ☐ in der Teestube

125 Ein drittes Geschenk

Am Abend führt Leon nacheinander zwei Telefonate mit seinen Freunden.

Seinem Freund Lukas erzählt er:

Der Einkaufsbummel mit Oma war super. Wir hätten es noch viel länger im Einkaufszentrum ausgehalten. Es gab dort sehr viel zu sehen, sodass es uns überhaupt nicht langweilig wurde. Heike erzählte die ganze Zeit von ihrer Kuschelwuschel-Sammlung. Endlich kamen wir zum Spielzeuggeschäft. Was es dort alles zu kaufen gab! Schade, dass wir nur einen Wunsch frei hatten. Zuerst liefen wir durch die ganze Spielwarenabteilung und sahen uns alles an. Endlich standen wir vor den Actionfiguren. Es gab alle bekannten Fußballspieler. Manuel Neuer war natürlich auch dabei. Heike fand in der oberen Etage des Spielzeuggeschäftes die Kuscheltiere und entdeckte auch gleich einen schönen Tiger. Wir durften unsere Geschenke auswählen und Oma bezahlte dann an der Kasse. Wir waren erstaunt: Nicht nur wir beide, sondern auch Oma bekam von der freundlichen Verkäuferin ein hübsch verpacktes Geschenk.

Seinem Freund Stefan erzählt er:

Unser Einkaufsbummel mit Oma war klasse. Wir hätten es noch viel länger im Einkaufszentrum ausgehalten. Es gab dort sehr viel zu sehen, sodass es uns überhaupt nicht langweilig war. Heike redete die ganze Zeit von ihrer Kuschelwuschel-Sammlung. Später kamen wir zum Spielzeuggeschäft. Was es hier alles zu kaufen gab! Schade, dass wir nur einen Wunsch frei hatten. Zuerst liefen wir durch die ganze Spielwarenabteilung und sahen uns alles an. Endlich standen wir vor den Actionfiguren. Es gab alle bekannten Ballkünstler. Manuel Neuer war natürlich auch dabei. Heike fand in der oberen Etage des Spielzeuggeschäftes die Kuscheltiere und entdeckte auch gleich einen schönen Tiger. Wir durften unsere Geschenke auswählen und Oma bezahlte sofort an der Kasse. Wir waren überrascht: Nicht nur wir beide, sondern auch Omi bekam von der freundlichen Verkäuferin ein hübsch eingepacktes Geschenk.

a Markiere im Telefonat mit Stefan alle Wörter, die anders sind als im Gespräch mit Lukas.

b Trage die markierten Wörter in Großbuchstaben untereinander in die Kästen ein.

Übertrage die gelb hinterlegten Buchstaben der Reihe nach in den Lösungskasten. Dann erfährst du, welches Geschenk Oma von der Verkäuferin noch bekommen hat.

Das dritte Geschenk war ein …

Hüte dich vor dem Fuchs! – Literarische Texte lesen

Der Fuchs und die Gänse

Der Fuchs kam einmal auf eine Wiese, wo eine Herde schöner fetter Gänse saß. Da lachte er und sprach: „Ich komme ja wie gerufen. Ihr sitzt hübsch beisammen, so kann ich eine nach der anderen auffressen."

Die Gänse gackerten vor Schrecken, sprangen auf, fingen an zu jammern und kläglich um ihr Leben zu bitten.

Der Fuchs aber wollte auf nichts hören und sprach: „Da ist keine Gnade, ihr müsst sterben!" Endlich nahm sich eine das Herz und sagte: „Sollen wir armen Gänse doch einmal unser jung frisch Leben lassen, so erzeige uns die einzige Gnade und erlaub uns noch ein Gebet, damit wir nicht in unseren Sünden sterben. Hernach wollen wir uns auch in eine Reihe stellen, damit du dir immer die Fetteste aussuchen kannst."

„Ja!", sagte der Fuchs. „Das ist billig und eine fromme Bitte. Betet, ich will solange warten."

Also fing die Erste ein recht langes Gebet an, immer „ga! ga!", und weil sie gar nicht aufhören wollte, wartete die Zweite nicht, bis die Reihe an sie kam, sondern fing auch an mit „ga! ga!" Die Dritte und Vierte folgten ihr, und bald gackerten sie alle zusammen. Und wenn sie ausgebetet haben, soll das Märchen weitererzählt werden. Sie beten aber alleweile immer noch fort.

Jacob und Wilhelm Grimm

Der Fuchs und der Ziegenbock

Ein Fuchs fiel in einen tiefen Brunnen und wusste nicht, wie er wieder hinauskommen sollte. Da kam ein durstiger Ziegenbock zum Brunnen, sah den Fuchs und fragte ihn, ob das Wasser gut sei. Der aber verhehlte sein Missgeschick und sagte: „Oh, das Wasser ist ausgezeichnet, klar und wohlschmeckend, komm nur auch herunter!"

Da sprang der Bock, ohne sich zu besinnen, hinab. Als er seinen Durst gelöscht hatte, fragte er den Fuchs: „Wie wollen wir aber wieder hinauskommen?" „Oh, das werde ich schon machen. Stelle dich auf deine Hinterbeine, stemme deine Vorderbeine gegen die Wand und mache deinen Hals lang. Dann werde ich über deinen Rücken und deine Hörner an den Rand des Brunnens klettern und auch dir heraushelfen."

Der Bock tat, wie ihm befohlen war, streckte sich aus und der Fuchs kletterte auf seine Hörner und sprang von dort mit einem gewaltigen Satz auf den Brunnenrand. Dort blieb er, tanzte vor Freude und verhöhnte den Bock. Der aber machte ihm Vorwürfe, dass er den Vertrag nicht eingehalten hätte.
Da sagte der Fuchs: „Oh Bock, wenn du so viele Gedanken im Kopfe hättest wie Haare im Bart, so wärst du nicht hinuntergestiegen, ohne vorher zu untersuchen, wie du wieder herauskönntest."

griechischer Dichter Aesop (vor etwa 2 500 Jahren)

126 Der Fuchs ist überall

Lies beide Texte (Märchen und Fabel) genau durch und entscheide, wo der Fuchs sein Unwesen treibt. Kreuze den Fuchs im Märchen mit **blauer** Farbe und den Fuchs in der Fabel mit **roter** Farbe an.

	Märchen	Fabel
… auf einer Wiese	☐ ESW	☐ D
… in einen tiefen Brunnen	☐ IST	☐ H
… über deinen Rücken	☐ IR	☐ A
… in eine Reihe stellen	☐ ARE	☐ U
… wie Haare im Bart	☐ NUM	☐ UP
… da ist keine Gnade	☐ INM	☐ D
… mit einem gewaltigen Satz	☐ MAH	☐ TR
… ein recht langes Gebet	☐ AL	☐ A
… das Wasser ist ausgezeichnet	☐ VO	☐ O
… an den Rand des Brunnens	☐ RL	☐ L
… wie ihm befohlen war	☐ SCH	☐ LE

Schreibe deine **blau** markierten Buchstaben der Reihe nach in den Lösungskasten.
So beginnen viele Märchen:

…

Schreibe deine **rot** markierten Buchstaben der Reihe nach in den Lösungskasten.
Sehr oft spielt der Fuchs in der Fabel die

.

127 Was für ein Durcheinander!

Anna weiß auch, dass man sich vor dem Fuchs hüten muss.
Daher schaut sie genau, wo der Fuchs auftauchen könnte.
Trenne die Reißverschluss-Sätze, indem du das erste, dritte usw. Wort mit **blauer** Farbe, das zweite, vierte usw. Wort mit **roter** Farbe einkreist.

Entscheide, von welcher Geschichte die Sätze erzählen, und kreuze jeweils einmal in roter und einmal in blauer Farbe an:
a = Der Fuchs im Märchen „Der Fuchs und die Gänse“
b = Der Fuchs in der Fabel „Der Fuchs und der Ziegenbock“
c = Der Satz gehört zu anderen Märchen oder zu anderen Fabeln.

a DIE DER GÄNSE FUCHS FINGEN LOCKTE AN DEN ZU ZIEGENBOCK GACKERN MIT UND EINER FLEHTEN LÜGE UM IN IHR DEN LEBEN BRUNNEN.

☐ a ☐ b ☐ c

b DER DIE GUTGLÄUBIGE GOLDENE ZIEGENBOCK KUGEL WARTETE WAR VERGEBLICH DER AUF KÖNIGSTOCHTER DIE IN HILFE DEN DES BRUNNEN FUCHSES GEFALLEN.

☐ a ☐ b ☐ c

c AM MIT ENDE SEINEM WOLLTEN ROTEN ALLE MÜTZCHEN GÄNSE GING EIN DAS NICHT MÄDCHEN MEHR ALLEINE ENDENDES DURCH GEBET DEN SPRECHEN WALD.

☐ a ☐ b ☐ c

d DIE DER ZAUBERIN LISTIGE SPERRTE FUCHS DAS LEGTE KIND DEN MIT DURSTIGEN DEN ZIEGENBOCK SCHÖNEN HEREIN HAAREN UND IN VERHÖHNTE EINEN IHN TURM.

☐ a ☐ b ☐ c

Mozart, Smetana & Co. – Sachtexte lesen

Musikliebhaber auf der ganzen Welt erfreuen sich an den musikalischen Werken berühmter Komponisten. Vier dieser herausragenden Künstler stellen sich und ihr bekanntestes Werk vor:

Guten Tag! Ich, Wolfgang Amadeus Mozart, wurde im Jahre 1756 in der österreichischen Stadt Salzburg geboren. Mit vier Jahren lernte ich das Klavierspielen und mit fünf Jahren komponierte ich bereits kleine Stücke. Leopold Mozart, mein Vater, brachte mir das alles bei. Damals nannte man mich ein musikalisches Wunderkind und ich durfte in Wien sogar vor dem Kaiser spielen. 17-mal unternahm ich Tourneen durch Deutschland, Frankreich, Belgien, England, die Niederlande und Italien. Die meisten Leute kennen meine „Kleine Nachtmusik". Doch neben Klavierstücken und Streichquartetten habe ich auch Opern geschrieben. Eine meiner bekanntesten Opern ist die „Zauberflöte". Darin geht es um den jungen Prinzen Tamino, der die Königstochter Pamina aus einer Burg befreit. Dabei kommt ihm seine Zauberflöte, die sogar wilde Tiere zähmt, zu Hilfe. Meine „Zauberflöte" wurde im Jahre 1791 uraufgeführt. Die Oper war ein Riesenerfolg. Ich war aber zu der Zeit schon sehr krank und starb noch im Jahr der Uraufführung in Wien. Auf Wiedersehen!

Buon giorno! Ich bin Antonio Vivaldi. Im Jahre 1678 erblickte ich in der italienischen Lagunenstadt Venedig das Licht der Welt. Meinen Spitznamen hatte ich schnell weg: Man nannte mich „il prete rosso". Das bedeutet „der rote Priester". Warum? Ich hatte rote Haare und feierte im Jahre 1703 meine Priesterweihe. Meine Hauptbeschäftigung als Musiker hatte ich als Geigenlehrer und als Orchesterleiter in einem Waisenhaus in Venedig. Im Jahre 1718 ging ich auf Europatournee. Ich bereiste dabei Städte in Norditalien und kam nach Amsterdam, Prag und Wien. Die Reisen waren anstrengend, aber auch sehr erfolgreich. Mein Violinkonzert „Die vier Jahreszeiten" ging wohl als bekanntestes meiner Werke in die Musikgeschichte ein. Darin beschreibe ich musikalisch den Frühling, den Sommer, den Herbst und den Winter. Meine „Vier Jahreszeiten" waren so erfolgreich, dass ich mir in Amsterdam einen Verleger suchte, der meine Noten schneller drucken konnte als die Venezianer. Zur letzten Ruhe gebettet wurde ich im Jahre 1741 in Wien. Arrivederci!

Dobrý den! Mein Name ist Bedřich Smetana. Im Jahre 1824 wurde ich in der tschechischen Stadt Litomyšl geboren. Ich habe viele musikalische Werke verfasst. Mein bekanntestes Werk stammt aus dem Zyklus „Mein Vaterland“. Dieser Zyklus ist ein Werk mit sechs Teilen. Einer davon ist die „Moldau“. Diesen Fluss beschreibe ich in meinem Werk musikalisch von seinen zwei Quellen bis zur Mündung in den großen Fluss Elbe. Die Moldau fließt durch die Stadt Prag und mündet bei der Stadt Melnik in die Elbe. Diese Reise der Moldau stelle ich in verschiedenen Bildern musikalisch dar. So gibt es eine Jagd im Wald, eine Bauernhochzeit, reißende Stromschnellen und anderes mehr.

Mich ereilte ein trauriges Schicksal. Als ich mit dem Komponieren der „Moldau“ begann, hatte ich mein Gehör schon fast vollständig verloren. Meine letzte Ruhestätte fand ich in Prag, wo ich 1884 starb. Na shledanou!

Bonjour! Mein Name ist Camille Saint-Saëns. Geboren bin ich im Jahre 1835 in der französischen Hauptstadt Paris, gestorben bin ich im Jahre 1921 in Nordafrika. Ich möchte nicht angeben, aber bereits im Alter von drei Jahren konnte ich Noten lesen. Zunächst erlernte ich das Klavierspielen und gab Konzerte in Paris. Meine besondere Vorliebe galt immer schon den Tieren. Ich kam deshalb auf die Idee, die Tiere musikalisch darzustellen. Mein Werk nannte ich den „Karneval der Tiere“. Darin kommen unter anderem ein Löwe, Vögel, wilde Esel, Schildkröten, Fische im Aquarium, ein Elefant und ein Schwan vor. Den „Karneval der Tiere“ komponierte ich Anfang 1886 als musikalischen Scherz. Er wurde auf einem Karnevalskonzert in Paris uraufgeführt. Niemand hätte geglaubt, dass dieses Werk mein berühmtestes werden sollte. Au revoir!

128 Werk und Leben der berühmten Komponisten

Lies den Text „Mozart, Smetana & Co.“ genau durch und ergänze die fehlenden Angaben in der Tabelle.

a

Name	Vorname	Nationalität
Saint-Saëns		
	Bedřich	
	Wolfgang Amadeus	
		italienisch

b

Geburtsstadt	Begrüßung	Lebenszeit	Geburtsland
Venedig			
	Bonjour!		
		1756–1791	
			Tschechien

c

Verabschiedung	Gestorben in …	Werk
		Mein Vaterland
Auf Wiedersehen!		
	Nordafrika	

129 **Europäische Komponisten**

Trage in die Länder der Europakarte den Namen, die Lebenszeit und ein Werk des entsprechenden Komponisten ein:

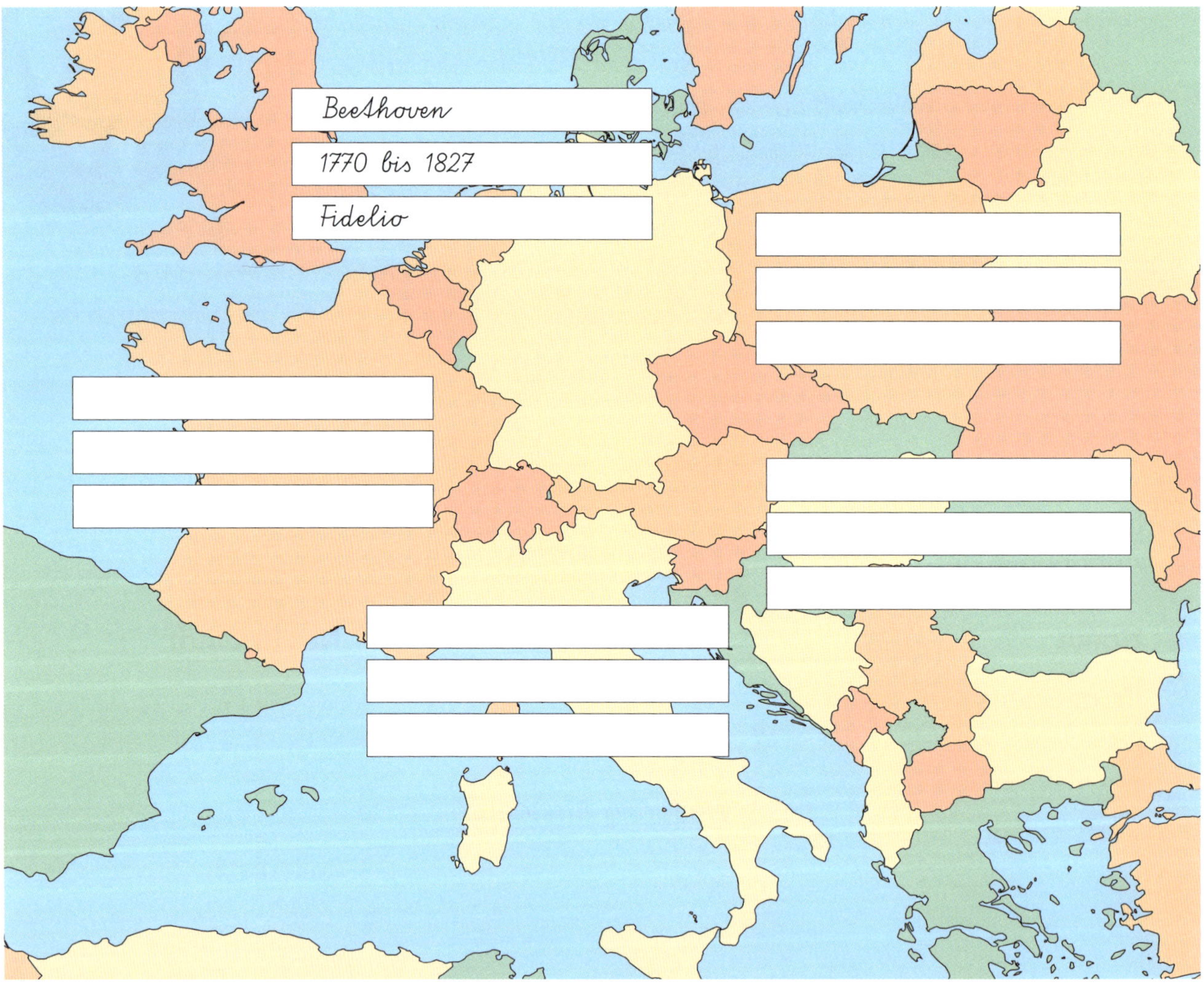

130 Du kennst nun Mozart, Smetana & Co.

In den folgenden Texten haben sich schwere Fehler eingeschlichen. Markiere die falschen Wörter und schreibe sie in Großbuchstaben untereinander in die Kästen.

Mein Name ist Wolfram Smetana. Im Jahre 1824 wurde ich in der tschechischen Lagune Litomyšl geboren. Ich habe viele musikalische Werke verfasst. Mein bekanntestes Werk stammt aus dem Zyklus „Mein Vaterland". Dieser Zyklus ist ein Werk mit drei Teilen. Einer davon ist die „Wolga". Diesen Fluss beschreibe ich in meinem Werk musikalisch von seinen zwei Quellen bis zur Mündung in den großen Fluss Tiber. Die Moldau fließt durch die Stadt Prag und mündet bei der Stadt Melnik in die Elbe. Diese Reise der Moldau stelle ich in verschiedenen Bildern musikalisch dar. So gibt es eine Jagd im Wald, eine Bauernhochzeit, reißende Stromschnellen und anderes mehr.
Mich ereilte ein trauriges Schicksal. Als ich mit dem Komponieren der „Moldau" begann, hatte ich mein Gehör schon fast vollständig verloren. Meine letzte Ruhestätte fand ich in Venedig, wo ich 1884 starb.

Ich bin Antonio Vivaldi. Im Jahre 1678 erblickte ich in der italienischen Lagunenstadt Venedig das Licht der Welt. Meinen Spitznamen hatte ich schnell weg: Man nannte mich „il prete rosso". Das bedeutet „der rote Priester". Warum? Ich hatte rote Haare und feierte im Jahre 1703 meine Priesterweihe. Meine Hauptbeschäftigung als Musiker hatte ich als Vorsänger und als Orchesterleiter in einem Waisenhaus in Venedig.
Im Jahre 1718 ging ich auf Europatournee. Ich bereiste dabei Städte in Spanien und kam nach Amsterdam, Prag und Wien. Die Reisen waren anstrengend, aber auch sehr erfolgreich. Mein Flötenkonzert „Die vier Jahreszeiten" ging wohl als bekanntestes meiner Werke in die Musikgeschichte ein. Darin beschreibe ich musikalisch den Frühling, den Sommer, den Herbst und den Winter.
Meine „Vier Jahreszeiten" waren so erfolgreich, dass ich mir in Amsterdam einen Verleger suchte, der meine Noten schneller drucken konnte als die Venezianer.

Ich, Wolfgang Amadeus Mozart, wurde im Jahre 1756 in der österreichischen Stadt Innsbruck geboren. Mit vier Jahren lernte ich das Klavierspielen und mit fünf Jahren komponierte ich bereits kleine Stücke. Leopold Mozart, mein Bruder, brachte mir das alles bei. Damals nannte man mich ein musikalisches Wunderkind und ich durfte in Wien sogar vor dem Kaiser spielen. 17-mal unternahm ich Tourneen durch Deutschland, Frankreich, Belgien, England, die Niederlande und Italien.
Die meisten Leute kennen meine „Kleine Nachtmusik". Doch neben Klavierstücken und Streichquartetten habe ich auch Opern geschrieben. Eine meiner bekanntesten Opern ist die „Zauberflöte". Darin geht es um den jungen Prinzen Peppino, der die Königstochter Pamina aus einer Burg befreit. Dabei kommt ihm seine Zauberflöte, die sogar wilde Tiere zähmt, zu Hilfe.
Meine „Zauberflöte" wurde im Jahre 1791 uraufgeführt. Die Oper war ein Riesenerfolg. Ich war aber zu der Zeit schon sehr alt und starb noch im Jahr der Uraufführung in Wien.

Mein Name ist Camille Saint-Saëns. Geboren bin ich im Jahre 1835 in der französischen Hauptstadt Paris, gestorben bin ich im Jahre 1921 in Holland. Ich möchte nicht angeben, aber bereits im Alter von drei Jahren konnte ich Noten lesen. Zunächst erlernte ich das Klavierspielen und gab Konzerte in Paris. Meine besondere Vorliebe galt immer schon den Opern. Ich kam deshalb auf die Idee, die Tiere musikalisch darzustellen. Mein Werk nannte ich den „Karneval der Tiere". Darin kommen unter anderem ein Löwe, Vögel, wilde Esel, Schildkröten, Fische im Aquarium, ein Vampir und ein Schwan vor.
Den „Karneval der Tiere" komponierte ich Ende 1886 als musikalischen Scherz. Er wurde auf einem Karnevalskonzert in London uraufgeführt. Niemand hätte geglaubt, dass dieses Werk mein berühmtestes werden sollte.

Übertrage alle farbig hinterlegten Buchstaben in den Lösungskasten
Diesen bedeutenden Komponisten kennst du sicher auch:

Knobelaufgabe

131 Das verstreute Orchester

Von den vier Musikern eines Orchesters (Alfred, Balduin, Claus und Detlef) wohnt einer im Norden, einer im Süden, einer im Westen und einer im Osten der Stadt. Zwei der Musiker, Alfred und der im Norden Wohnende, spielen Geige. Zwei andere, Claus und der im Osten Wohnende, können keine Geige spielen. Detlef ist jünger als der im Norden wohnende Musiker. Claus ist älter als der im Westen wohnende Musiker. Wo wohnen die einzelnen Musiker und welche Musiker spielen Geige?

Alfred: ______________________________

Balduin: ______________________________

Claus: ______________________________

Detlef: ______________________________

Knobelaufgabe

132 Achtung, geheim!

Anna hat Leon in der Pause einen Zettel zugesteckt. Ganz geheimnisvoll hat sie dabei ausgesehen. Als Leon den Zettel später öffnet, traut er seinen Augen nicht. Anna hat scheinbar völlig durcheinander irgendwelche Buchstaben aufgeschrieben. Oder könnte dies eine Geheimschrift sein? Leon sieht sich die Sätze genauer an …
Kannst du ihm helfen, die Botschaft zu entschlüsseln?

Mjfcfs Mfpo!
Bn Gsfjubh hfif jdi nju nfjofs Ubouf Ebojfmb
bvg fjo Ljoefs-Lsjnjgftu.
Jdi gsfvf njdi tfis, xfoo ev njulpnnfo xjmmtu.
Ibtu ev Mvtu?
Efs Fjohbohtdpef mbvufu „Qsjwbuefuflujw“.
Bmmft Mjfcf
Efjof BooB

____

____

____

____

Ein buntes Programm für Kinder – Gebrauchstexte lesen

Anna, Leon, Nilay und Simon haben nun endlich das lang erwartete Ferienprogramm „Seeräuber“ bekommen, das die Gemeinde für die Kinder in diesem Sommer wieder anbietet. Das Programm ist sehr umfangreich und interessant.

Es gibt Kurse zum Basteln, Malen, Fotografieren und Theaterspielen, ebenso wie Workshops zum Musikmachen oder zum Herstellen einfacher Instrumente. Für Leseratten steht ein Vorlesewettbewerb auf dem Programm und für besonders Mutige eine Geisternacht in einer Schlossruine. Sportliche Kinder können Ponyreitkurse besuchen und angehende Regisseure haben die Möglichkeit, ein bekanntes Filmstudio zu besuchen und den Schauspielern bei der Arbeit zuzusehen. Es gibt sogar Schnorchelkurse, bei denen die Kinder mit erfahrenen Tauchlehrern in einem Waldsee die Unterwasserwelt kennenlernen können. Auf einer Burg können die Kinder für einen Tag Ritter spielen und auch an einem typischen Rittermahl teilnehmen. Und wer es gerne anstrengender haben möchte, kann sich zu einer mittelschweren Bergtour anmelden.

Wie bereits im vorigen Jahr heißt es: rechtzeitig anmelden, denn viele der Kurse sind sehr schnell ausgebucht. Der Renner war im vorigen Jahr die Geisternacht, gefolgt von den Ponyreitkursen auf dem zweiten Platz. In der Beliebtheit gleich dahinter kam der Vorlesewettbewerb und dann die Schnorchelkurse. Anschließend ging es weiter mit dem Filmstudio, den Fotokursen und den Ritterspielen. Die Schlusslichter bildeten das Herstellen einfacher Instrumente, die Bergtouren und das Malen. Aber auch diese Veranstaltungen waren sehr gut besucht.

Angebote gibt es für Mädchen und Jungen zwischen 6 und 14 Jahren. Die Preise für die einzelnen Veranstaltungen liegen pro Kind zwischen 4 € und 25 €, je nachdem, ob Eintrittsgelder oder Verpflegung anfallen.

133 Achtung – fertig – Ferienspaß

a Lies den Text „Ein buntes Programm für Kinder“ genau durch und kreuze jeweils die richtige Antwort an.

Für **Mutige** gibt es …

- Bungee-Springen. ☐ FE
- eine Geisternacht. ☐ AN
- Steilwandklettern. ☐ AB

Für **Leseratten** gibt es …

- eine Bücherausstellung. ☐ RI
- einen Büchereibesuch. ☐ PR
- einen Vorlesewettbewerb. ☐ ME

Für **Sportliche** gibt es …

- Ponyreitkurse. ☐ LD
- Wasserskifahren. ☐ OG
- einen Skater-Wettbewerb. ☐ LT

Anstrengend sind …

- die Bastelkurse. ☐ RA
- die Theaterkurse. ☐ EN
- die Bergtouren. ☐ UN

Schnorcheln findet statt …

- in einem Hallenbad. ☐ M
- in einem Waldsee. ☐ G
- in einem Fluss. ☐ K

Schreibe die markierten Buchstaben der Reihe nach in den Lösungskasten.
Vergiss nicht: Das Wichtigste für die Teilnahme an einem Ferienangebot ist die

.

b Erstelle eine Rangliste der zehn begehrtesten Angebote beim Ferienprogramm „Seeräuber“. Lies dazu den Text „Ein buntes Programm für Kinder“ genau durch und trage die Plätze von 1 bis 10 richtig ein.

Die Top Ten des Ferienprogramms „Seeräuber“:

Platz	Angebot
	Bergtouren
	Ritterburg
	Fotografieren
	Malen
	Ponyreiten
	Instrumente
	Filmstudio
	Geisternacht
	Vorlesen
	Schnorcheln

134 Richtig gelesen ist halb gegeistert und gebastelt

Du siehst hier die Informationen zu verschiedenen Ferienangeboten.

Angebot: Geisternacht

Anmeldung: bis spätestens 25. Juli unter der Nummer 01234 718

Beschreibung: Zunächst gibt es zur Stärkung für alle Geister-Kids ein kleines Hexenabendessen. Wenn die Dämmerung einsetzt und es auf der Schlossruine Schreckenstein langsam unheimlich wird, dann beginnen wir mit unserer Geisternacht. Du kannst dich gruseln, wenn du allein oder mit einem Partner bestimmte Orte in der Ruine aufsuchen musst. Geistergeschichten und Geisterspiele begleiten dich so lange, bis du müde bist und einschläfst.

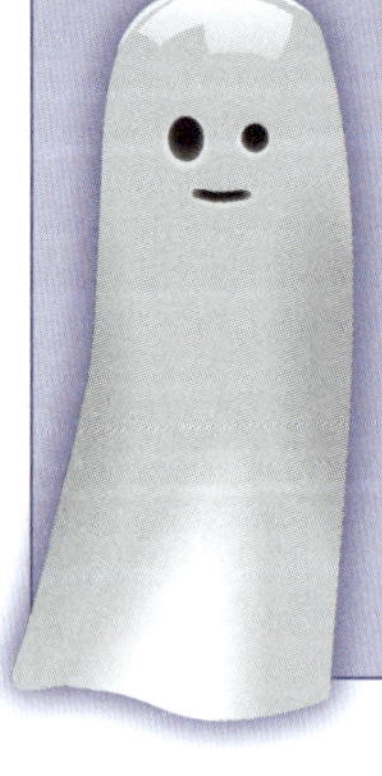

Mitbringen: Schlafsack, Isomatte, Trainingsanzug, Waschzeug
Ort / Zeit: Abfahrt an der Ludwig-Grundschule am 5. August um 16 Uhr
Ankunft an der Ludwig-Grundschule am 6. August um 11 Uhr
Teilnehmer: Jungen und Mädchen (8 bis 12 Jahre)
Kosten: 17 €

Workshop: Herstellen einfacher Instrumente

Anmeldung: am Dienstag (8 bis 17 Uhr) einer jeden Woche im Zeitraum vom 1. August bis zum 15. September unter der Nummer 01234 718

Beschreibung: In diesem Workshop werden einfache Instrumente gebastelt. Ein erfahrener Instrumentenbauer zeigt euch, wie man einfache Instrumente wie Trommeln oder Saiteninstrumente baut. Jeden Donnerstag wird ein anderes Instrument gefertigt. Das Material wird im Kurs zur Verfügung gestellt. Freut euch jetzt schon darauf, wenn ihr euer Instrument dann ausprobieren dürft und es zu Hause oder in der Schule vorstellen könnt.

Mitbringen: Arbeitskittel, Rucksacktasche für das Instrument
Ort / Zeit: Musikschule am Rathausplatz
donnerstags 14.30 bis 16.30 Uhr
Teilnehmer: Jungen und Mädchen ab 9 Jahren
Kosten pro Nachmittag: 11 €

Kurs: Schnorcheln im Waldsee

Anmeldung: bis spätestens 28. Juli unter der Nummer 01234 718

Beschreibung: Die aufregende Unterwasserwelt kann man nicht nur in der Tiefsee erleben. Die heimischen Seen bergen viele Pflanzen und Tiere, die beobachtet werden können. Der Waldsee ist besonders geeignet für junge Schnorchler. Gut ausgebildete Tauchlehrer führen in das Erlebnis ein und passen auf, dass nichts passieren kann. Zwischen den kurzen Schnorchelversuchen ist genügend Gelegenheit zum Ausruhen. Auch für eine kräftige Brotzeit ist gesorgt.

Mitbringen: Badesachen, Handtücher, Schnorchel und Taucherbrille
Teilnehmer: Jungen und Mädchen ab 11 Jahren
Voraussetzung: Die Teilnehmer müssen sichere Frei- oder Fahrtenschwimmer sein.
Ort/Zeit: Jeden Mittwoch 13 bis 17 Uhr, Abfahrt mit dem Bus an der Römer-Grundschule pünktlich um 12 Uhr
Kosten: 18 €

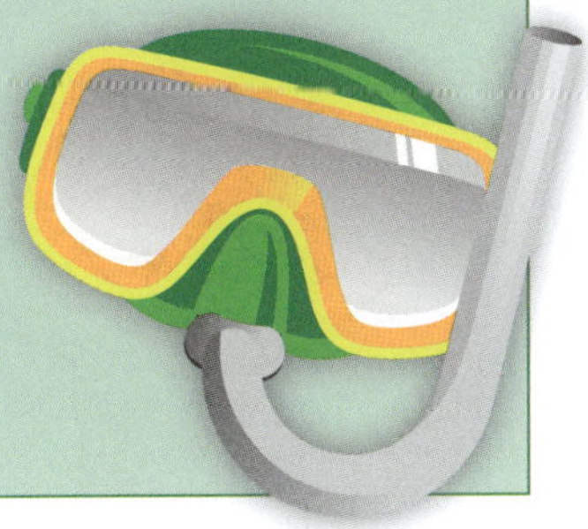

Nur wer die Informationen zu den Ferienangeboten genau und richtig liest, erlebt keine unliebsamen Überraschungen.

Haben die Kinder auf der nächsten Seite die Informationen richtig verstanden? Wenn nicht, wo liegt der Fehler? Markiere die falschen Angaben oder das Problem und schreibe auf, was die Kinder falsch verstanden haben.

a Anna möchte an der Geisternacht teilnehmen. Ihre Tante Daniela hat ihr vorige Woche extra einen Schlafsack gekauft. Annas Mutter hat am 24. Juli unter der Telefonnummer 01234 718 angerufen und ihre Tochter angemeldet. Die 17 € Kosten übernimmt der Vater. Annas Taschengeld hätte da nicht ausgereicht Ganz schön aufgeregt läuft Anna mit ihrem Geistergepäck zum Treffpunkt an die Pestalozzi-Grundschule.

b Der neunjährige Sebastian ist sehr musikalisch. Seit einem Jahr nimmt er Klavierunterricht. Er interessiert sich für den Workshop „Herstellen einfacher Instrumente". Eine Trommel wollte er immer schon bauen. Am Donnerstag geht er mit seinem Kittel und einer großen Tasche zur Musikschule am Rathausplatz. Bis 14.30 Uhr hat er noch eine Menge Zeit und so kauft er sich im Schreibwarengeschäft noch zwei linierte Hefte für die Schule. Sebastians Bruder Felix darf am Kurs leider nicht teilnehmen, weil er erst sechs Jahre alt ist. Der Instrumentenbau ist nur für Teilnehmer ab neun Jahren. Sebastian freut sich, dass man an zwei Nachmittagen für nur 11 € zwei Instrumente basteln und behalten darf.

c

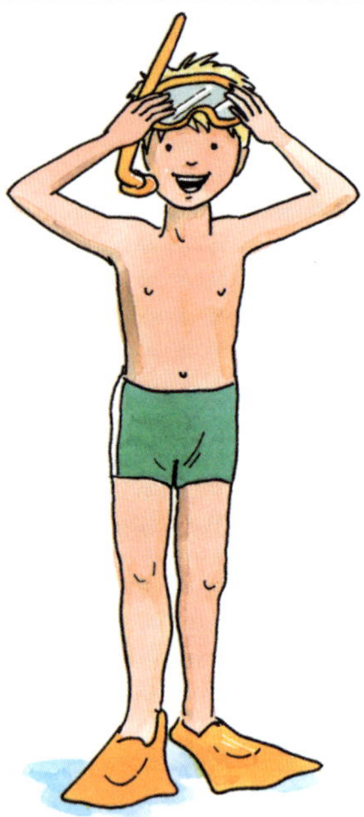

Leon ist am 25. April zehn Jahre alt geworden. In den Sommerferien möchte er den Schnorchelkurs besuchen. Seine Mutter meldet ihn unter der Telefonnummer 01234 718 an. Leon hat bereits im vorigen Jahr seine Fahrtenschwimmerprüfung gemacht. Heute ist nun der Kurs. Seine Mutter fährt ihn mit dem Auto zur Römer-Grundschule. Sie mahnt ihn: „Beeile dich ein wenig, Leon! Es ist schon gleich 12 Uhr."

Leon hat gestohlen? – Längere Texte genau erfassen

Sophie und Jörg haben sich am Nachmittag in der Stadt getroffen. Da es sehr heiß war an diesem Tag, schlug Sophie vor: „Komm, ich spendiere dir ein Eis, Jörg!“ Das ließ sich Jörg nicht zweimal sagen. „Eine gute Idee!“, rief er. Die Kinder stellten sich vor der Eisdiele in einer langen Reihe an. Denn an diesem herrlichen Tag waren noch viele andere Leute auf die Idee gekommen, ein Eis zu essen.

Auf der gegenüberliegenden Straßenseite lag das Geschenke- und Spielwarengeschäft Fantasy. Vor dem Geschäft parkte ein Polizeiauto. „Wahrscheinlich ein Überfall im Fantasy“, scherzte Jörg. „Zwei Kugeln Erdbeere und einmal Banane, bitte!“, bestellte Sophie bei der Eisverkäuferin. Endlich war auch Jörg an der Reihe: „Für mich bitte einmal Schokolade, einmal Nuss und einmal Himbeere!“

„Ciao!“, rief die Verkäuferin, als sie das Eis ausgegeben hatte. „Ciao!“, erwiderten die Kinder. Sophie hätte beinahe ihr Eis verschluckt, als sie zum Fantasy hinüberschaute. „Sieh mal da!“ Auch Jörg traute seinen Augen nicht.

Leon kam mit einem Polizeibeamten aus dem Fantasy. Während ein Polizist am Steuer des Wagens wartete, wurde Leon vom anderen Beamten ins Auto gesetzt. Auch der zweite Polizist stieg ein – und ab ging die Fahrt.

„Das glaubt doch keiner!“, meinte Jörg. „Leon hat bestimmt etwas beim Fantasy mitgehen lassen. Wozu wäre sonst die Polizei da!“, war sich Sophie sicher.

„Jetzt wird mir einiges klar“, stellte Jörg fest. „Letzte Woche hatte Leon plötzlich ein teures Sticker-Album und gestern führte er uns am Klassencomputer sein neuestes Computerspiel vor. Diese Sachen hat er bestimmt auch gestohlen.“

Schon am nächsten Tag hatte es sich in der Schule herumgesprochen wie ein Lauffeuer: Leon hat gestohlen. Keiner wollte daher mit Leon in der Pause spielen. „Haben sie dich gestern im Fantasy beim Klauen erwischt, was? Das hättest du klüger anstellen sollen!“, war der geistreiche Vorschlag von Michael. „Aber die beiden Polizisten waren wohl schneller!“, fügte Tanja schadenfroh hinzu. „Mit einem Dieb spreche ich nicht“, sagte Dana. „Aber ich habe bestimmt nicht gestohlen …“, versuchte Leon zu erklären. Doch die Kinder achteten gar nicht auf ihn. „Leon ist ein Dieb! Leon ist ein Dieb! Leon ist ein Dieb!“, begann Lea im Pausenhof zu rufen und immer mehr Kinder stimmten in diesen Chor ein. Leon sagte nichts. Er schüttelte nur den Kopf und schlenderte ins Schulgebäude. „Dem scheint das überhaupt nichts auszumachen – ein abgebrühter Dieb!“, waren sich Kevin und Lena einig.

„Das finde ich richtig gemein von euch, wie ihr mit Leon umgeht! Nur weil er ein Sticker-Album und ein neues Computerspiel hat, verdächtigt ihr ihn. Das lässt sich doch leicht erklären …“ Anna war die Einzige, die zu Leon hielt und ihn nicht wie alle anderen lauthals einen Dieb nannte. Das sollte sie auch gleich bereuen, denn Yvonne drohte ihr: „Du kannst gleich Dresche beziehen!“ Tom, Philipp und Dana meinten: „Dann spiel doch mit einem Ladendieb!“

Nach der Pause stritten die Kinder im Klassenzimmer noch weiter. Tom begann, Anna herumzuschubsen, weil die doch Leon verteidigt hatte. Nach wenigen Augenblicken lagen die beiden am Boden und balgten sich.

„Was ist denn hier los?“, wollte Frau Reber, die Klassenlehrerin der 4 b, wissen. „Sofort hört ihr auf!“ „Leon hat gestohlen und Anna gibt sich mit einem Dieb ab!“, riefen alle durcheinander. Leon war nicht da. „Der traut sich wohl jetzt doch nicht mehr in die Klasse. Vorhin war er noch voll cool“, kommentierte Stefan.

Frau Reber trennte die beiden Streithähne und wartete, bis alle auf ihren Plätzen saßen. Endlich war Ruhe eingekehrt.

„So – Leon hat also gestohlen? Dann könnt ihr mir doch sicher sagen, was er gestohlen hat? Na, was ist, Dana? Philipp? Kevin? Lena? Und die anderen, die mit Leon, dem Ladendieb, nichts mehr zu tun haben wollen?“

„Aber Jörg hat doch erzählt … und Sophie war sich sicher … und das neue Computerspiel von Leon … Philipp hat gemeint … Lea hat schließlich im Pausenhof angefangen … alle sagen doch … und die Polizei verhaftet doch nur Diebe …“, murmelten die Kinder der 4 b durcheinander und vergaßen alle Gesprächsregeln, die sie einmal gelernt hatten.

„Ach ja, alle sagen so!“, nahm Frau Reber das Gespräch auf, und mit gesenkten Köpfen und mucksmäuschenstill, sodass man eine Stecknadel hätte fallen hören, verharrten die Kinder in der Klasse. „Und weil alle so sagen, muss es auch so sein? Ein Verdacht reicht – und schon ist einer ein Dieb?“ Trotz der Stille hörten die Kinder die Glocke zum Stundenwechsel nicht.

Die Tür ging auf und Leon kam mit den beiden Polizisten herein. Wer jetzt vermutete, dass Leon in Handschellen vorgeführt wurde, sah sich enttäuscht. Ganz im Gegenteil. Leon schien seinen Auftritt zu genießen. Eine Unverschämtheit – wie konnte Leon noch lachen? Und Leon lachte noch mehr, als er in die erstaunten Gesichter seiner Mitschülerinnen und Mitschüler blickte: „Ich habe wirklich nichts gestohlen!“, begann er. „Dieser Polizist hier ist Polizeihauptmeister Ritter.“ Herr Ritter ergriff nun das Wort:

„Und das ist mein Kollege Fecher.“

Und Polizeihauptmeister Ritter fuhr fort: „Ich bin nun wiederum der Onkel von Leon, dem ‚Meisterdieb‘. Den habe ich gestern zufällig im Fantasy getroffen und er durfte mit dem Polizeiauto mitfahren. Wegen dieses Missverständnisses habt ihr meinen Neffen zum Ladendieb gemacht. Vorhin erst erfuhr ich von Leon davon. Eigentlich sind wir nur hier, um mit euch die erste Unterrichtsstunde für die Fahrradprüfung zu halten. Aber das habt ihr Superdetektive vor lauter Ladendiebstahl wohl völlig vergessen.“

135 Leon, ein Ladendieb?

Lies den Text „Leon hat gestohlen?“ genau durch und kreuze jeweils die richtige Antwort an.

Sophie hätte beinahe ihr Eis verschluckt, weil …

- sie den Mund zu voll genommen hatte. ☐ BE
- Leon mit der Polizei aus dem Fantasy kam. ☐ VE
- Jörg ihr die ganze Waffel in den Mund schob. ☐ L

Das Polizeiauto …

- fuhr mit Leon und zwei Polizisten davon. ☐ R
- fuhr mit Blaulicht davon. ☐ WE
- fuhr ohne Leon weg. ☐ A

Leon zeigte in der Klasse …

- ein Sticker-Album und ein Handy. ☐ IS
- ein Computerspiel und ein Handy. ☐ DA
- ein Sticker-Album und ein Computerspiel. ☐ MU

Im Pausenhof …

- drohte Tanja Anna Dresche an. ☐ CH
- balgten sich Tom und Felix. ☐ E
- hielten Kevin und Lena Leon für einen abgebrühten Dieb. ☐ TU

Nach der Pause …

- war Leon nicht im Klassenzimmer. ☐ NG
- begann Tom, Anna herumzuschubsen. ☐ D
- stellte Frau Reber der Klasse 4 b einige Fragen. ☐ T

Trage die angekreuzten Lösungen der Reihe nach in den Lösungskasten ein.

Als Leon mit der Polizei aus dem Fantasy kam, hatten Sophie und Jörg schon eine

.

136 Keiner will mit Leon etwas zu tun haben

Wie ein Lauffeuer sprach sich herum, dass Leon von der Polizei aus dem Fantasy geführt wurde. Die Kinder wollten plötzlich mit Leon nichts mehr zu tun haben. Finde heraus, welche Kinder die folgenden Sätze gesagt haben, und schreibe ihre Namen in die Tabelle.

a „Aber die beiden Polizisten waren wohl schneller!“

b „Wozu wäre sonst die Polizei da!“

c „Das hättest du klüger anstellen sollen!“

d „Leon ist ein Dieb!“

e „Mit einem Dieb spreche ich nicht.“

f „Das glaubt doch keiner!“

g „Vorhin war er noch voll cool.“

h „Du kannst gleich Dresche beziehen!“

a

b

c

d

e

f

g

h

Trage die gelb hinterlegten Buchstaben, von unten nach oben gelesen, in den Lösungskasten ein.

Leon steht unter

137 Textspuren aufnehmen

Lies durch, welche Zusatzinformationen Anna, Leon und Polizeihauptmeister Ritter noch geben können, und entscheide, an welcher Stelle des Textes „Leon hat gestohlen?“ sie eingebaut werden könnten.
Gib die Zeilenzahl(en) an und schreibe den Satz, der vor dem jeweiligen Zitat steht, auf.

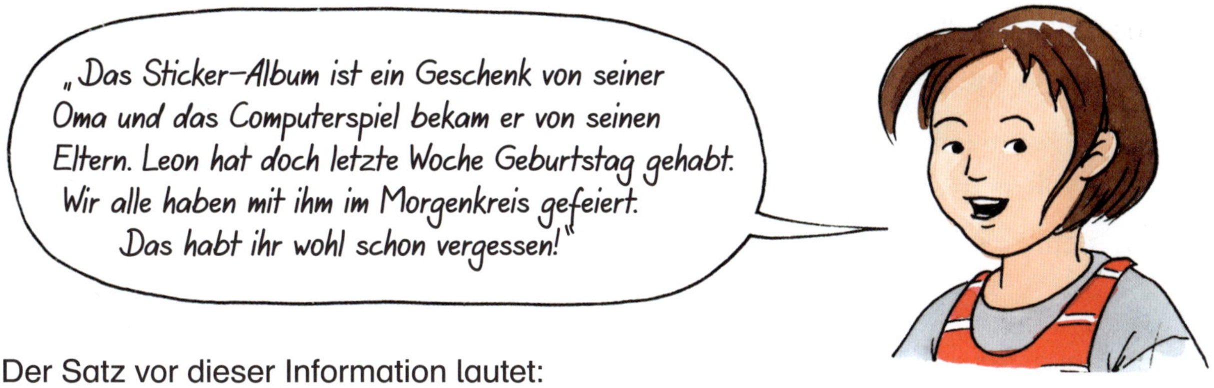

Der Satz vor dieser Information lautet:

____

Zeile(n): __________

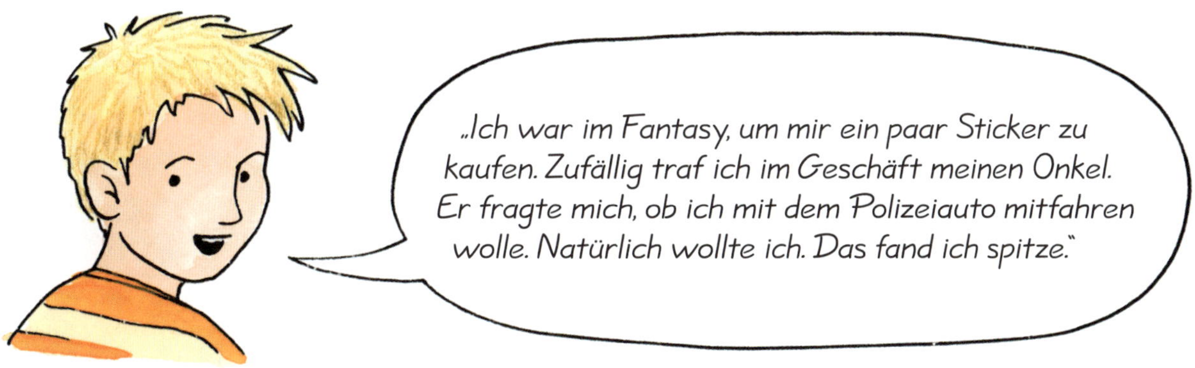

Der Satz vor dieser Information lautet:

____

Zeile(n): __________

Der Satz vor dieser Information lautet:

____

Zeile(n): __________

138 Und Anna?

Lies den Text auf Seite 147/148 und die Informationen auf Seite 151 und kreuze an.

	richtig	falsch
Anna ruft wie alle anderen: „Leon ist ein Dieb!“	☐ T	☐ D
Anna hält zu Leon.	☐ N	☐ E
Anna weiß, woher Leon das Sticker-Album und das Computerspiel hat.	☐ U	☐ D
Anna wurde von den anderen bewundert, weil sie zu Leon hielt.	☐ I	☐ E
Anna schweigt lieber, weil sie von den anderen nicht herumgeschubst werden will.	☐ A	☐ R
Anna steht zu ihrer Meinung.	☐ F	☐ D

Lies die markierten Kennbuchstaben von unten nach oben und trage sie in den Lösungskasten ein.

Anna ist ein wahrer ☐☐☐☐☐☐ .

139 Bettina macht sich schlau

Da Leon auch am nächsten Tag das Schulhofgespräch Nummer 1 ist, möchte Bettina wissen, wie das mit dem Ladendieb war. Yvonne ist noch immer ganz aufgeregt und erzählt Bettina:

„Al le g laub ten, da ssL eonei nLa dend iebi st.Da
smu ssteic hdoc hauc hglau ben.Sch ließl ichwu
rdeLe onv onderP olize iaus demF anta sygeh olt.
Esha tsi chab erhe rausg est ellt,d assL eon garn
icht gest ohle nhat.E ine rderP oli zis tenis tnäm
lichs einOn kel,de nerz ufäl ligi mSp ielw are nges
chäf tgetr offe nha t.Ic hhab emi chg ründl ich ge
irr tun dwer dem ichb eiLe one ntsch uldi gen.I chh
abe gele rnt,da sses bess eris t,nic htau fan derez
uhör en.InZ uk un ftwe rdei chmir mei nee ige neMe
inun gb ilden.“

Stelle den „aufgeregten“ Text richtig. Teile dazu die Wörter mit senkrechten Strichen ab. Entscheide dann, ob die folgenden Sätze ganz genau (**g**), nicht ganz genau (**n**) oder überhaupt nicht (**ü**) mit dem „aufgeregten“ Text übereinstimmen.

	g	n	ü
Schließlich wurde Leon von der Polizei aus dem Fantasy geholt.	☐	☐	☐
Auch an die Lehrerin stellte Bettina einige Fragen.	☐	☐	☐
In Zukunft werde ich mir selbst eine Meinung bilden.	☐	☐	☐
Ich habe mich gründlich geirrt und will mich bei Leon entschuldigen.	☐	☐	☐

DEUTSCH 1.–4. Klasse

LESEVERSTEHEN

LÖSUNGSHEFT

STARK

Lesen – 1. Klasse

Anna und Leon

1 Das Bild ist mit den angegebenen Farben anzumalen.

2 Anna und Leon malen eine ~~Hose~~.
Anna und Leon malen ~~drei~~ Ohren.
Anna und Leon malen ein ~~Auto~~.

3 Welche Farbe haben die Haare von Anna?

- [ ] blond
- [x] braun
- [ ] schwarz

Was hat Leon in der Hand?

- [x] einen Pinsel
- [ ] einen Stift
- [ ] einen Hammer

Wie ist Leons Pulli?

- [ ] grün
- [x] gestreift
- [ ] gemustert

4

Farben: wie in der Aufgabe angegeben

5

J**U**LIUS	**P**ETER
M**A**RIA	ELIA**S**
S**O**PHIE	A**N**TON

6

Die Schule beginnt am Morgen mit dem Stuhlkreis.

Heute leitet Leon den Stuhlkreis.

Die Kinder reden im Stuhlkreis über wichtige Sachen.

7

STIF**T**E	**R**ADIERGUMMI
MÜNZ**E**N	APF**E**L
B**U**CH	HEF**T**E

Der Herbst ist da!

8 Wo sitzt der Igel?

- [ ] auf einem Haus
- [ ] auf einem Auto
- [x] auf einem Baum

Wohin fällt der Igel?

- [x] auf den Kopf von Fritz
- [ ] auf das Bein von Fritz
- [ ] auf den Fuß von Fritz

Was kommt aus dem Igel heraus?

- [ ] ein grüner Mops
- [x] ein brauner Mops
- [ ] ein schwarzer Mops

9 Was reimt sich in dem Gedicht auf Baum?

K	**A**	U	M

Wie ist der Igel? Der Igel ist …

S	**T**	**A**	C	H	E	L	S	P	I	T	Z

Wohin fällt der Igel?

I	**N**		D	**I**	**E**		P	F	Ü	T	Z	E

Lösungswort: **Kastanie**

Ich gehe mit meiner Laterne

10
- [x] Die Kinder basteln Laternen.
- [ ] Leon malt einen Ritter.
- [ ] Anna und Leon malen sehr schlecht!
- [x] Die Kinder schneiden die Teile aus.
- [ ] Am Morgen laufen sie durch die Straßen.
- [x] Sie singen ein Lied.

11

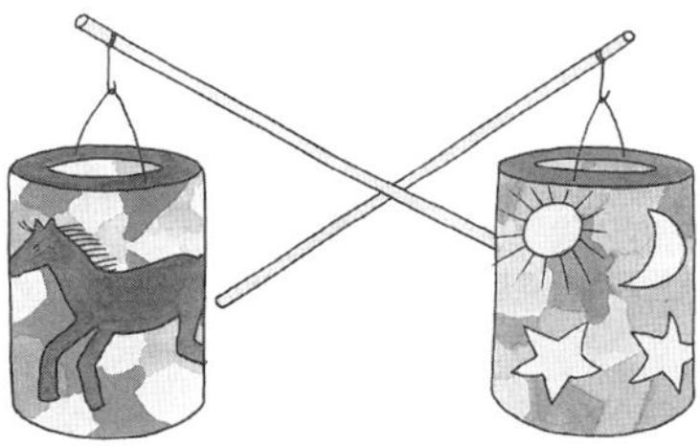

Anna Leon

12
- [ ] immer an Weihnachten
- [ ] immer an Ostern
- [x] am Sankt-Martins-Tag

13

1. basteln	3. schneiden	5. laufen
4. kleben	6. singen	2. malen

14 *Lösungsvorschlag:*

Was gründete Martin?
Martin gründete ein Kloster.

Was ist ein Bischof?
Der Bischof ist ein wichtiger Mann in der Kirche.

Wo versteckte sich Martin?
Er versteckte sich bei den Gänsen.

Warum haben die Menschen Martin schnell gefunden?
Die Gänse haben laut geschnattert und ihn verraten.

15

16
- [ ] Bischof sein war Martin zu anstrengend.
- [ ] Martin hatte fürchterliche Angst.
- [x] Martin war sehr bescheiden.

Juchhe – der erste Schnee

17

Stimmen die Aussagen?	richtig	falsch
Die Kinder laufen auf einen Berg.	☒	☐
Sie bauen einen Schneemann.	☒	☐
Vier Kugeln sind die Hände.	☐	☒
Anna gibt dem Schneemann ihre Mütze.	☐	☒
Anna und Leon fahren Ski.	☐	☒

18 Wer holt den Schlitten? **Anna holt den Schlitten.**

Wohin laufen die Kinder?

- ☐ zum See
- ☒ auf einen Berg
- ☐ nach Hause

Aus wie vielen Kugeln besteht der Schneemann?

- ☐ 3
- ☐ 5
- ☒ 7

19 Anna fiel aus dem Fenster.
„Leon, komm nicht! Es hat geregnet!"
Langsam ziehen die Kinder die Regenjacken an.
Leon knotet den Schal um den Hals.
Anna holt den Regenschirm.

20

frisch gefallener Schnee	Pappschnee
klebt gut	Schneematsch
tropft Wasser heraus	Neuschnee
ganz trocken	Altschnee
älter als drei Tage	Pulverschnee

21 Leon ruft: „Der Schnee ist fast geschmolzen!"

- ☐ Pulverschnee
- ☐ Neuschnee
- ☒ Schneematsch

Anna sagt: „Es hat wieder geschneit!"

- ☒ Neuschnee
- ☐ Schneematsch
- ☐ Pulverschnee

22 *Lösungsvorschlag:*
Aus Pappschnee kann man gut Schneemänner bauen.

23 *Zu unterstreichen ist:*
(Schneematsch) besteht aus Schnee und viel Wasser.

Wir verkleiden uns!

24 Die Kostüme sind wie beschrieben anzumalen.

25 Anna sieht aus wie …
- [ ] eine Fee.
- [ ] eine Prinzessin.
- [x] eine Hexe.

Leon sieht aus wie …
- [ ] ein Polizist.
- [x] ein Pirat.
- [ ] ein Kapitän.

26

Was steht im Text?	richtig	falsch
Ein Socken von Anna ist rot.	X	
Der Rock ist grün.		X
Anna malt sich rosa Punkte ins Gesicht.		X
Leon trägt um das linke Auge eine Klappe.		X
Die Klappe ist schwarz.	X	
Leons Hemd ist weiß.	X	
Er trägt eine weiße Hose.		X

27 *Zu unterstreichen ist:*
Flederu, Kängumaus, Mainisse, Hornkäfer, Eledil, Krokofant, Feuerschwein, Stachelqualle

28 *Lösungsvorschlag:* **Kleid**

29

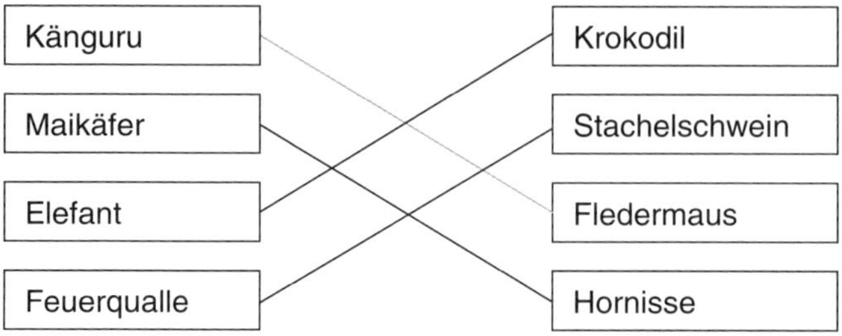

30 *Lösungsvorschlag:* Alle Tiere finden den Karneval **toll**.
Nur das Gnu nicht. Das Gnu ist **beleidigt**.

Jetzt kommt der Frühling

31 Wohin laufen die Kinder?
Sie laufen zum Bach.

Was macht der Vogel?
Er baut ein Nest.

Welche Idee hat Anna?
Sie will einen Ausflug machen.

Welche Jahreszeit wird in dem Text beschrieben?
Der Frühling.

32
- ☐ Drei Hühner laufen auf dem Hof herum.
- ☐ Zehn Hühner laufen auf der Straße herum.
- ☒ Zehn Hühner laufen auf dem Hof herum.

- ☐ Gleich gibt es Brot und frisches Wasser.
- ☐ Bald gibt es Brot und frisches Wasser.
- ☒ Gleich gibt es Brot und frische Milch.

33 Was macht der Bauer?

- [ ] Er schimpft mit den Kindern.
- [ ] Er spielt mit den Kindern.
- [x] Er gibt ihnen etwas zu essen.

Wie fühlen sich die Kinder?

- [ ] Sie sind traurig.
- [ ] Sie sind müde.
- [x] Sie freuen sich.

34 [Endlich] die Kinder laufen zum Bach. Sie sehen den kleinen Enten [wird] zu. „Hörst du die Vögel [es]?", fragt Leon. Anna schaut zum Baum. Auf einem [warm] Ast baut ein Vogel sein Nest.

Es ergibt sich der Satz: **Endlich wird es warm.**

35

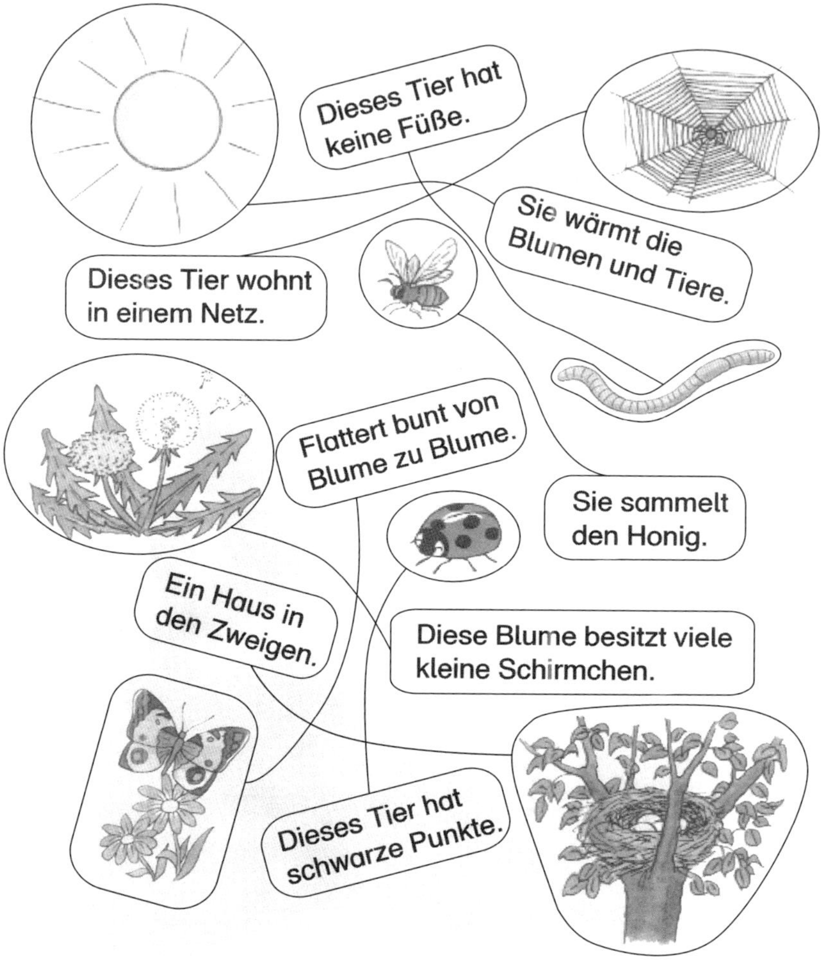

36 Was wollen Anna und Leon spielen?
Sie wollen Verstecken spielen.

Wer muss als Erster suchen?
Leon muss als Erster suchen.

Warum ist Leon beleidigt?

- [x] Weil er sich nicht als Erster verstecken darf.
- [ ] Weil er seine Hausaufgaben nicht gemacht hat.
- [ ] Weil er nicht mit Mädchen spielt.

37 Ene mene mi-ma
knieptan, pi-pa
use buse, ackudeia
aua, zweier weg.

38

☐

☐

☒

Ein Ei steckt voller Wunder

39
- ☒ Was Eierschalen alles aushalten können.
- ☐ Wie schnell Eierschalen kaputt gehen.
- ☐ Warum Eierschalen braun oder weiß sind.

40

Eierschalen sind dünn,	damit die Henne sich auf das Ei setzen kann.
Eierschalen sind fest,	damit das Küken im Ei atmen kann.
Eierschalen lassen Luft hindurch,	weil das Küken die Schale aufpicken muss.

41 *Individuelle Lösung, vgl. Fotos auf den Seiten 28 und 29*

42
- [x] Das Huhn legt weiße Eier.
- [ ] Das Huhn legt braune Eier.
- [ ] Das kann man nicht wissen.

Das Seepferdchen

43 Wen trifft Leon?
- [ ] seine Eltern
- [x] den Bademeister
- [ ] seinen Lehrer

Wonach muss Leon tauchen?
- [ ] nach einem Ball
- [x] nach einem Ring
- [ ] nach einem Stein

Was will Leon bekommen?
- [x] das Seepferdchen
- [ ] den Seelöwen
- [ ] das Meerschweinchen

Wohin gehört das Abzeichen?

- [X] auf die Badehose
- [ ] in den Suppentopf
- [ ] in den Mülleimer

44

 ☐

 ☐

 ☒

 ☐

45

2. Schwimme nicht mit vollem Bauch!
4. Nicht überhitzt ins Wasser gehen!
1. Stoße niemanden ins Wasser!
3. Trockne dich nach dem Baden ab!

Auf ins Schullandheim

46
- [ ] Sie sind gemeinsam in der Schule.
- [ ] Sie laufen gemeinsam in die Schule.
- [x] Sie gehen gemeinsam in die Schule.
- [ ] Sie gehen zusammen in die Schule.

- [ ] Es gibt wenig zu besprechen.
- [ ] Es gibt viel zu sagen.
- [ ] Es wird viel besprochen.
- [x] Es gibt viel zu besprechen.

- [ ] Die letzten Blätter fallen schon von den Bäumen.
- [x] Die ersten Blätter fallen schon von den Bäumen.
- [ ] Die ersten Blätter fallen schon von den Sträuchern.
- [ ] Die ersten Blätter fallen bald von den Bäumen.

- [x] Anna schlägt vor, Verstecken zu spielen.
- [ ] Leon schlägt vor, Verstecken zu spielen.
- [ ] Leon schlägt vor, Fangen zu spielen.
- [ ] Anna schlägt vor, Verreisen zu spielen.

47

Die Fahrt geht los

48 Zum 1. Abschnitt gehört:

- [X] … spürt sie einen Stich im Bauch.
- [ ] … macht sie das recht froh.
- [ ] … hatte sie keine Lust.

Zum 2. Abschnitt gehört:

- [X] … singen Lieder und spielen Spiele.
- [ ] … machen allerhand Blödsinn.
- [ ] … haben den Eltern einen Brief geschrieben.

Zum 3. Abschnitt gehört:

- [ ] … mit vielen Zinnen und Türmen.
- [ ] … hat uns auch ganz gut gefallen.
- [X] … sucht sofort nach einem Ball.

Zum 4. Abschnitt gehört:

- [x] … schauen sich um.
- [ ] … wollen jetzt wirklich nach Hause!
- [ ] … haben keine Angst mehr.

49 *Die erste Karte ist von:* **Anna**
Die zweite Karte ist von: **Anton**
Die dritte Karte ist von: **Leon**

50 In Indien bei meiner Großmutter sitzen wir auf dem Boden oder auf einem Sitzkissen. Wir benutzen keine Messer und Gabeln. Wir essen mit den Fingern. Immer waschen wir uns vor dem Essen und nach dem Essen die Hände. Auch bei Oma gibt es Regeln: Die Handflächen müssen sauber bleiben! Die linke Hand darf nicht benutzt werden! Das ist richtig schwierig. Aber es macht viel mehr Freude, mit den Fingern zu essen als mit Messer und Gabel! Etwas darf man in Indien auf keinen Fall tun: sich am Tisch die Nase putzen. Das ist sehr unfein. Wenn ich schlürfe, sagt meine Oma: „Atasi schmeckt das Essen gut!“

Im Schullandheim

51 Wie heißt die Heimleiterin?

- [ ] Frau Links
- [ ] Frau Limp
- [x] Frau Lind

Was bedeutet „betagt“?

- [ ] jung
- [x] alt
- [ ] wild

Wer hat Angst vor Hunden?

- [ ] Anna
- [ ] Herr Wagner
- [x] Leon

Was kann man mit Bobo spielen?

- [ ] Tischtennis
- [x] Fußball
- [ ] Handball

Was macht Minka, als Anna sie streichelt?

- [ ] Sie kratzt.
- [ ] Sie knurrt.
- [x] Sie schnurrt.

52 *Zu umkreisen ist:*

1 Jahr klug Mischling braun-schwarz Hund	7 Jahre verschmust weiches Fell lange Ohren Esel	13 Jahre weiblich grau gestreift grüne Augen Katze

53 langes Fell, grüne Augen, grau gestreift, **kinderlieb**, kratzt, weiches Fell, **verspielt**, buschiger Schwanz, **klug**, große Ohren, **zottelig**, verschmust, **braun-schwarz**

Farberläuterung: weiß – Oskar, hellgrau – Minka, dunkelgrau – Bobo

54 Heute/war/s o/ei n/to ller/Tag!/ Hier/a u f/dem/ Bauer nhof/ gibt/es/ganz/viele/ sü ße/Tiere!/ Frau/Lind/, d ie/ H ei mleiterin/, hat/sie/uns/alle/ ge zeigt./ Es/ gi bt/ei nen/Hund,/ vi el e/Katzen/un d/ein en/ Esel./ Ei n e /K atze/he ißt/Minka/ und/ist/sch on/uralt./ 13/ Ja h re!/ Stellt/euch/ vor,/ s ie/h at/ s ich/von/ mir/ strei cheln/ lassen./ Sie/hat/ sog ar/ge schnurrt/. Der/Hund/ ist/ga nz/lieb/. L eon/h at/ers t/ ei n/ wenig/ Angst/gehabt./ Aber/ nachher/ hat/er/ sogar/ mit/Bobo/Fußball/ge s pielt!

Im Zoo

55 Adriano spricht …

- [ ] Deutsch und Griechisch.
- [ ] Italienisch und Englisch.
- [x] Deutsch und Italienisch.

Wo findet Leon das weinende Kind?

- [ ] Bei den Affen
- [x] Bei den Giraffen
- [ ] Bei den Krokodilen

Warum hat das Kind geweint?

- [ ] Es wollte unbedingt ein Eis haben.
- [x] Es hat seine Mutter nicht mehr gesehen.
- [ ] Es hatte Angst vor den Giraffen.

Warum hat das Mädchen Leon nicht geantwortet?

- [ ] Weil es frech war.
- [ ] Weil es noch nicht sprechen konnte.
- [x] Weil es Leon nicht verstanden hat.

56 *Lösungsvorschlag für „sich sputen“:* sich beeilen
Lösungsvorschlag für „beibringen“: lehren, erklären

57

lion heißt	**Löwe**
zebra heißt	**Zebra**
crocodile heißt	**Krokodil**
giraffe heißt	**Giraffe**
parrot heißt	**Papagei**
elephant heißt	**Elefant**

58

a	Wie heißt der Fluss bei Venedig?	**Po**
b	Welche Inseln liegen im Mittelmeer?	**Elba, Sizilien und Sardinien**
c	Wie nennt man das Meer vor Venedig?	**Adria**
d	*Auf der Karte zu umkreisen ist:*	**Rom**

Ein Geschichtenabend

59

5	„Derjenige, der mir die größte Lüge erzählen kann, bekommt einen Apfel ganz aus Gold!"	König	✗	H
		Bursche		A
1	„Auch gut, Herr König! Dann bekomme ich also meinen Krug voller Goldstücke!"	König		F
		Bursche	✗	M
4	„Wenn ich es mir recht überlege, so hattest du doch recht."	König	✗	C
		Bursche		T
3	„Nun gut, es ist eine Lüge. Also gib mir bitte den goldenen Apfel."	König		L
		Bursche	✗	R
7	„Nicht so eilig, mein Sohn!"	König	✗	N
		Bursche		U
2	„Na, so schlimm war es auch wieder nicht. Es kann ja auch wahr sein."	König	✗	Ä
		Bursche		E
6	„Was denn für Goldstücke?"	König	✗	E
		Bursche		G

Lösungswort: **Märchen**

60

- [ ] In alten Zeiten lebte einmal ein König, der war sehr arm.
- [x] In alten Zeiten lebte einmal ein König, der war sehr reich.
- [ ] Vor langer Zeit lebte einmal ein König, der war sehr arm.

- [ ] So ließ er im ganzen Land verbreiten:
- [x] So ließ er im ganzen Reich verbreiten:
- [ ] So ließ er im ganzen Schloss verbreiten:

- [ ] Von fern und nah kamen die Menschen herbeigeströmt …
- [ ] Von nah und fern kamen die Menschen angelaufen …
- [x] Von nah und fern kamen die Menschen herbeigeströmt …

- [x] Nun musste der König zugeben, dass er von dem jungen Burschen überlistet worden war.
- [ ] Nun musste der König zugeben, dass er von dem üblen Burschen überlistet worden war.
- [ ] Nun musste der König einsehen, dass er von dem jungen Bursche überlistet worden war.

- [x] Er gab ihm den goldenen Apfel und nahm sich vor, niemanden mehr in seinem Leben zur Lüge zu verleiten.
- [ ] Er gab ihm den goldenen Apfel und nahm sich vor, niemanden in seinem Leben zur Wahrheit zu verleiten.
- [ ] Er gab ihm den goldenen Apfel und nahm sich vor, niemanden in seinem Leben zur Lüge zu verleiten.

61 *Mündliche Lösung*

62

bleich	Geheule
grausig	fliehen
zischeln	blass
Gewimmer	unheimlich
pumpeln	poltern
entfleuchen	flüstern
keuchen	laut und schwer atmen
aufs Neu	wieder

63

1 flitzen herbei
2 flattern
4 kichern
3 rumpeln
5 keuchen
6 entfleuchen

64

65 *Lösungsvorschlag:* Das bedeutet, dass der Schlossherr keine Gnade bekommt und von den Gespenstern geärgert wird.

66 *Individuelle Lösung*

Früher und heute auf dem Bauernhof

67

	richtig	falsch
Der Bauer konnte über alle bestimmen.	☒	☐
Die Bäuerin arbeitete jeden Tag auf dem Feld.	☐	☒
Auch Kinder arbeiteten auf dem Bauernhof.	☒	☐
Knechte halfen in der Küche.	☐	☒
Die Arbeit war hart und anstrengend.	☒	☐
Die Bäuerin kümmerte sich um das Geflügel.	☒	☐

68 Welche Aufgaben hatten die Mägde auf dem Hof?

☐ Sie putzten die Pferde.
☒ Sie halfen in der Küche.
☒ Sie fütterten die Kühe.
☐ Sie passten auf die Knechte auf.

Welche Aufgaben hatten die Knechte?

☒ Sie arbeiteten auf dem Feld.
☒ Sie kümmerten sich um die Pferde.
☐ Sie pflegten den Garten.
☐ Sie kümmerten sich um die Hühner.

69 **Früher** brauchte man auf dem Land viele Pferde für die Feldarbeit.
Heute gibt es weniger Pferde, da Traktoren die Feldarbeit erledigen.
Heute arbeitet man mithilfe vieler Maschinen.
Früher wurde die schwere Arbeit von Hand verrichtet.
Früher mussten auch Kinder auf dem Bauernhof arbeiten.
Heute halten die Bauern immer nur wenige Tierarten.
Früher gab es viele Mägde und Knechte.

70

Statt Menschen	auf dem Feld gesät.
Die Maschinen	arbeiteten hart.
Das Getreide wird	von Hand gemolken.
Die Mägde und Knechte	sind sehr teuer.
Die Kühe wurden	arbeiten heuten Maschinen.
Im Frühling wird	das Feld gepflügt.

71

[5] Eine Melkmaschine melkt die Kühe.
[3] Der Traktor zieht den Pflug.
[4] Kühe wurden mit der Hand gemolken.
[8] Der Mähdrescher mäht das Getreide.
[2] Das Pferd zog den Pflug.
[7] Mit scharfen Sensen wurde gemäht.
[6] Das Heu wurde mit großen Gabeln auf den Wagen geladen.
[1] Das Stroh wird zu großen Ballen gepresst und auf den Anhänger transportiert.

Der letzte Tag im Schullandheim

72 a *Umkreist werden soll:* 4 (Tassen Wasser)

b Leon hat einen Teelöffel Öl vergessen.

c [x] sehr matschig an.
[ ] sehr klumpig an.
[ ] wie Knete an.

73

1. Der Teig wird ausgerollt, bis er ganz dünn ist. Er soll etwa 1 Zentimeter hoch sein.
2. Aus dem Teig wird mit einem Messer der Rahmen ausgeschnitten.
3. Der Rahmen wird mit dem restlichen Salzteig verschönert.
4. Der Teig wird im Backofen bei 150 Grad gebacken, bis er ganz durchgetrocknet ist. Abkühlen lassen!
5. Der Bilderrahmen wird angemalt und mit Steinen, Muscheln oder Perlen weiter verziert.
6. Der Rahmen wird auf eine Pappe geklebt. Die überstehenden Ränder der Pappe musst du abschneiden.
7. Hinten am Rahmen wird eine Aufhängung angeklebt.
8. Fertig! Jetzt kannst du ein Bild oder Foto in den Bilderrahmen einkleben!

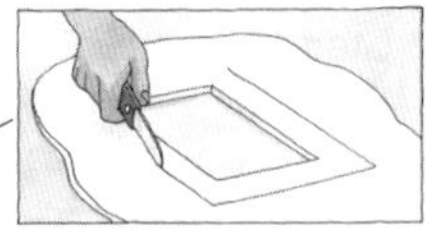

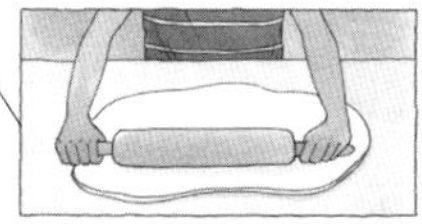

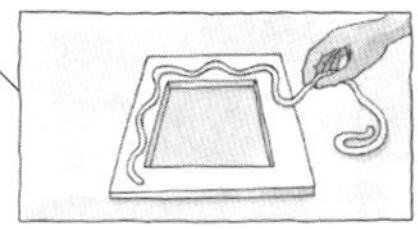

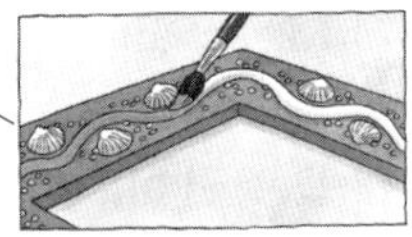

74

1	**W**	A	S	S	E	R							
2	Z	**U**	T	A	T	E	N						
3	K	**N**	E	T	E								
4	B	I	L	**D**	E	R	R	A	H	M	E	N	
5	T	**E**	I	G									
6	M	E	S	S	E	**R**							
7	**B**	A	C	K	O	F	E	N					
8	P	**A**	P	P	E								
9	R	Ä	N	D	E	**R**							

Lösungswort: **WUNDERBAR**

75

76 *Das Bild sollte folgende Elemente beinhalten: gelber Bilderrahmen, grüne Kreise in den Ecken, Muscheln blau, Leon spielt Fußball.*

77 *Leon:* DASH, *Anna:* ASTD, *Anton:* UTOL, *Atasi:* LGEM, *Mia:* ACHT
Der Satz ergibt: **DAS HAST DU TOLL GEMACHT!**

Lesepyramiden – Zum Einlesen und Aufwärmen

78 b

W	O	L	K	E	N							
H	E	F	T									
P	I	N	S	E	L							
M	A	I	S	K	Ö	R	N	E	R			
W	E	T	T	S	C	H	W	I	M	M	E	N

Lösungswort:

L	E	S	E	N

79

Anna hat
Geburtstag. Sie
darf ihre Freunde und
Freundinnen einladen und
mit ihnen eine große Feier machen.
Auch Tante Monika ist gekommen. Ob sie
ein tolles Geschenk mitbringen wird? Oh je! Vor lauter
Aufregung kann Anna die Geburtstagskerzen kaum ausblasen.

80

HDAQRWRFY
PZORTWTGEKR

Harry Potter

RQOILULTEWRT
SHKRAGTRENS

Rollerskates

81

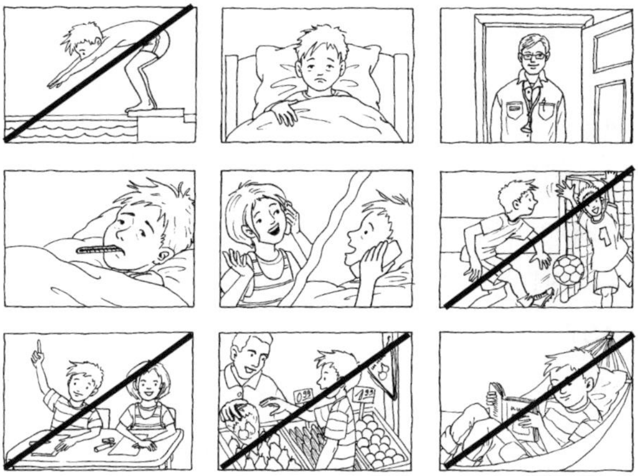

Textteppich – Texte richtig verknüpfen

82

Der Nikolaus-Text hat die Nummern:	3	7	2	17
Der Anna-Text hat die Nummern:	10	18	8	6
Der Wetter-Text hat die Nummern:	11	14	19	4
Der Wanderer-Text hat die Nummern:	20	13	9	15
Der Fastenbrecher-Text hat die Nummern:	5	1	12	16

83

5	2	14	8	ALLE
3	7	2	17	DU
20	13	15	1	WIR
2	5	10	19	SEHEN
11	19	1	16	GEBURTSTAG
12	17	10	3	KANNST
6	4	15	8	HAST
2	4	11	20	UNS
3	18	4	7	SEHR
10	18	8	6	BIST
7	19	15	2	VIELE
3	9	2	17	DER
8	4	11	10	GUT
9	18	12	15	BÜCHER
11	14	19	4	EIN
3	14	19	7	LESEN
6	1	9	17	IN
20	13	9	15	GROßER
5	11	7	9	BALD
17	13	5	19	DER
3	6	1	10	BESTE
5	1	12	16	LESEPROFI
4	9	13	12	FREIZEIT
8	4	14	19	FREUND

Du bist ein großer Leseprofi.

Detektiv Lupenauge entwischt kein Ladendieb – Genaues Lesen

84 *Diese Punkte müssen bei der Zeichnung berücksichtigt sein:*

- Jacke dunkelblau
- Hose schwarz
- Schuhe schwarz mit braunen Schnürsenkeln
- Kinnbart
- schwarze Sonnenbrille mit runden Gläsern
- blaues Käppi auf dem Kopf

85 Wer bekommt den Gutschein von City-Kauf?

Frau März-Pullinger ☐ Herr Bankmann ☐

Anna und Leon ☒ Herr Nervinger ☐

86

1.	K	I	N	N	B	A	R	T			
2.	B	L	A	U							
3.	B	R	A	U	N						
4.	D	U	N	K	E	L	B	L	A	U	

1. 2. 3. 4.
K A R L ← So heißt der Täter mit **Vornamen**.

5.	S	O	N	N	E	N	B	R	I	L	L	E
6.	K	Ä	P	P	I							
7.	R	U	N	D								
8.	J	E	A	N	S	J	A	C	K	E		

5. 6. 7. 8.
R I N N ← So heißt der Täter mit **Familiennamen**.

87

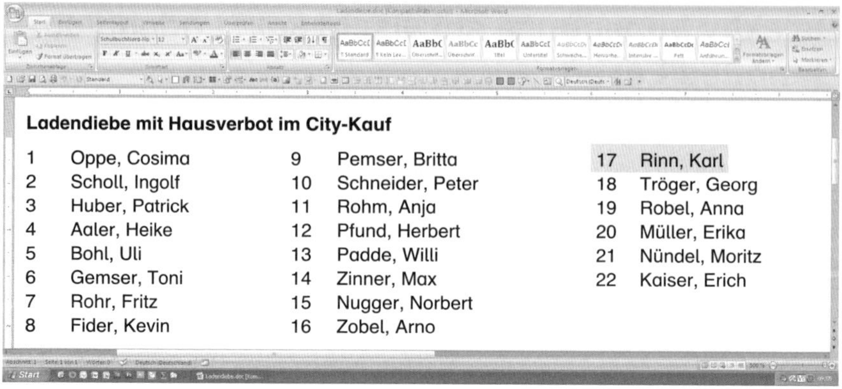

Ladendiebe mit Hausverbot im City-Kauf

1	Oppe, Cosima	9	Pemser, Britta	17	Rinn, Karl
2	Scholl, Ingolf	10	Schneider, Peter	18	Tröger, Georg
3	Huber, Patrick	11	Rohm, Anja	19	Robel, Anna
4	Aaler, Heike	12	Pfund, Herbert	20	Müller, Erika
5	Bohl, Uli	13	Padde, Willi	21	Nündel, Moritz
6	Gemser, Toni	14	Zinner, Max	22	Kaiser, Erich
7	Rohr, Fritz	15	Nugger, Norbert		
8	Fider, Kevin	16	Zobel, Arno		

88 a

Hefte	Heft-umschläge	Radier-gummis	Füll-federhalter	Schulranzen
Malblöcke	Wollschals	Lineale	Wachs-malkreiden	Bleistifte
Farbstifte	Tonpapier	Spitzer	Karteikarten	Locher

b

Wecker	Armband-uhren	Armreife	Uhren-batterien	Ringe
Küchen-uhren	Halskettchen	Taucher-uhren	Eheringe	Apfelkuchen
Stoppuhren	Uhren-armbänder	Kettenglieder	Ansteck-nadeln	Ohrringe

c

Computer	Fernseher	Smartphones	CDs/DVDs	Kopfhörer
Musikboxen	Anschluss-kabel	Radios	Tablets	Fern-bedienungen
Batterien	Mikrofone	Kriminal-romane	CD-Player	Kameras

d

Mützen	Hosen	T-Shirts	Jeans	Socken
Pullis	Hemden	Regenmäntel	Farbpinsel	Schals
Gürtel	Jacken	Sportanzüge	Anoraks	Handschuhe

e

Kamera 4	W	O	L	L	S	C	H	A	L	S				
Kamera 7	A	P	F	E	L	K	U	C	H	E	N			
Kamera 1	K	R	I	M	I	N	A	L	R	O	M	A	N	E
Kamera 8	F	A	R	B	P	I	N	S	E	L				

Lösungswort: W E C K E R

89 Anna **gelb** Bianca **rot**
Charlotte **grün** Daniela **blau**

Freizeit und Ferienzeit – Das Auge schulen

90
a Oliver geht jeden Tag reiten.
b Anna sammelt die besten Computerspiele.
c Nadine ist eine große Leseratte.
d Peter spielt sehr gut Gitarre.
e Leon spielt ganz prima Fußball.
f Martin fährt oft nach Italien.

91

Mia	spielt sehr gut	Italien.
Peter	sammelt die besten	schwimmen.
Anna	klettert auf hohe	Computerspiele.
Sandra	ist eine große	Gitarre.
Nadine	geht jeden Tag	Ferien.
Leon	verteilt jeden Tag	Bäume.
Kevin	geht am liebsten	reiten.
Oliver	fährt oft nach	Bonbons.
Yvonne	will nun endlich	Fußball.
Martin	spielt ganz prima	Leseratte.

92

a | O | L | I | V | E | R |

b | L | E | O | N |

c | P | E | T | E | R |

d | N | A | D | I | N | E |

e | A | N | N | A |

f | M | A | R | T | I | N |

g Das Mädchen mit der Flöte heißt:

| V | E | R | E | N | A |

93 Zwei Kinder sind Geschwister. Sie heißen **Peter** und **Verena**.

94 Anna

95 a Es passt das Urlaubsfoto 1, da die Familie bei schönem Wetter beim Skifahren ist.

b Sie machen Urlaub in Seefeld im Hotel Gipfelhorn.

96 b

Bü		cher
si		nd
wie		gu
te		Fre
un		de

c Bücher sind wie gute Freunde.

d

Wörterbuch	Kochbuch	Märchenbuch
Tierbuch	Abenteuerbuch	Reisebuch

Fernsehzeit – Informationen verknüpfen

97 a Guten Abend, liebe Zuschauerinnen und **Zuschauer**, der heutige Fernsehabend **beginnt** mit dem Spielfilm „In den Fängen des geheimnisvollen Drachens“. Danach **sehen** Sie einen Bericht über Tiere in den Wäldern des Amazonas. Viele Tiere sind dort vom **Aussterben** bedroht. Unser vielfältiges **Programm** gibt Ihnen dann die Gelegenheit, einer **Gesprächsrunde** mit bekannten Persönlichkeiten beizuwohnen. Das Thema dieser Talkshow ist noch offen. Unser Abendprogramm endet mit einem weiteren spannenden **Spielfilm** mit dem Titel „Das Geheimnis der sieben Augen“. Mit diesem **Überblick** darf ich mich von Ihnen **verabschieden** und Ihnen gute **Unterhaltung** wünschen.

b

Aussterben	beginnt	begrüßt
Gesprächsrunde	Nachrichten	Programm
Radio	sehen	Sendung
Spielfilm	Unterhaltung	Überblick
verabschieden	wollen	Zuschauer

98

Der Spielfilm heißt „In den Fängen des grausigen Drachens“.	f
Es gibt einen Bericht über die Tiere in den Wäldern des Amazonas.	w
An der Gesprächsrunde beteiligen sich bekannte Persönlichkeiten.	w
Das Thema der Gesprächsrunde heißt „Wie schütze ich mich vor Krankheiten im Urlaub?“.	f
Das Abendprogramm endet mit dem Film „Das Geheimnis der neun Augen“.	f
In den Amazonaswäldern sind viele Tiere von Krankheiten bedroht.	f
Im Abendprogramm läuft ein spannender Film.	w
Die Sprecherin wünscht den Zuschauern einen guten Abend.	f
In einer Gesprächsrunde mit vielen bekannten Persönlichkeiten geht es um die Wälder des Amazonas.	f

99
a Tiersendung Zeile **17** bis Zeile **19**
b Nachrichten Zeile **5** bis Zeile **7**
c Musiksendung Zeile **11** bis Zeile **12**
d Krimi Zeile **1** bis Zeile **4**
e Kochstudio Zeile **20** bis Zeile **23**
f Werbung Zeile **8** bis Zeile **10**
g Talkshow Zeile **13** bis Zeile **16**

100
a Frau Rollbügel (grün)
b Herr Professor Geisbart (lila)
c Frau Mayer-Schlüter (gelb)
d Herr Bofinger (blau)
e Herr Vielsprecher (rot)

101
a Bild **10**
b Bild **1**
c Bild **9**
d Bild **5**

Zwillinge sind (fast) ganz gleich – Unterschiede entdecken

102 a

b

M	[6] A	T	H	[16] E	M	A	T	I	K				
Z	U	K	[15] U	N	F	T	S	[11] R	O	M	A	N	E
[14] A	U	F	R	E	[12] G	[1] E	N	[8] D					
W	E	L	L	[4] E	[7] N	S	I	T	T	[2] I	C	H	
[13] B	A	R	[9] B	A	R	A							
[5] S	P	O	R	T									
T	E	[17] N	N	I	S	P	R	O	F	I			
M	[10] U	S	C	H	E	L	[3] N						

c

1	2	3	4
E	I	N	E

5	6	7	8	9	10	11	12
S	A	N	D	B	U	R	G

13	14	15	16	17
B	A	U	E	N

103

	3 a	3 c
Patrick	✗	
Elsa		✗
Kevin		✗
Jan	✗	
Karin		✗
Nora	✗	
Lisa	✗	
Oliver	✗	
Daniela		✗

Alarm, Viren im Text! – Auffinden von falschen Angaben

104 **a** Leon und Anna gehen Die heute in den Zoo und bleiben gleich vor dem Affengehege stehen: „Da, schau dir einmal den großen Affen an!“, kichert Anna. „Der turnt an den Seilen wie ein Zirkusakrobat!“ „Ja, und jetzt sitzt er schon wieder auf dem höchsten Ast!“ Leon kommt mit dem Schauen gar nicht Affen mehr nach.
Zwei kleine Affenkinder klettern unbeholfen zwischen sehen den Steinen und Büschen und fallen auf die Nase. In einer dicken Astgabel macht es sich der Oberaffe bequem und verteidigt seinen guten Platz mit Armen und Zähnen. Vor dem Gehege freuen sich die Besucher über die Tiere. Ein ihren kleiner Affe spitzt hinter einem Felsen hervor. Er will wohl nicht, dass die Affenmutter sein Fell nach Läusen absucht.
Plötzlich steht ein Affe gefährlich nah am Graben. „Kann er darüberspringen?“, möchte Anna wissen. Gerade als Leon Tierpfleger antworten will, kommt plötzlich Bewegung in die Affengesellschaft. Die Tiere sausen wie wild in den hinteren Teil des Affengeheges. Andere mit jagen in riesigen Sprüngen über die dem Felsbrocken. Unter dem großen Tor zum Inneren des Affenhauses ist leckeren das Geheimnis zu finden, warum Futter die Affen alle in Aufregung geraten sind.

b Die Affen sehen ihren Tierpfleger mit dem leckeren Futter.

105 **a** „Da, schau dir einmal den großen Seelöwen an!“, kichert Anna.
In einer dicken Astgabel macht es sich der Chefaffe bequem und verteidigt seinen guten Platz mit Armen und Zähnen.
Er will wohl nicht, dass die Affenpflegerin sein Fell nach Läusen absucht.
Plötzlich steht ein Affe gefährlich nah am Wassergraben.
Die Stars sausen wie wild in den hinteren Teil des Affengeheges.

b

S	E	E	L	Ö	W	E	N						
C	H	E	F	A	F	F	E						
A	F	F	E	N	P	F	L	E	G	E	R	I	N
W	A	S	S	E	R	G	R	A	B	E	N		
S	T	A	R	S									

Glückwunsch! Dein Leseauge ist so gut wie ein

S	C	A	N	N	E	R

.

c

Armtfnuftee	Affenmutter
ibkrksZoruaat	Zirkusakrobat
cFlrsekoebn	Felsbrocken
Aefggnruu	Aufregung

106 a *Lösungsvorschläge:*

- Der Einbrecher flüchtet durchs Fenster.
- Die Kommissare sehen nichts, da es dunkel ist.
- Es könnte ein Kind sein.

b

	1	2
Wie heißt die Frau, die den Einbruch gemeldet hat?	Glotzinger Bofinger Holzinger	Bitte holen Sie
Wo liegt der Tatort?	Färberstraße Lärchenstraße Lerchenstraße	heute noch kommen
Wo liegt das verdächtige Zimmer?	zweiter Stock erster Stock Dachgeschoss	bringen Sie mit
Die Tageszeit zur Tatzeit?	morgens mittags nachts	es eilt sofort
Das Wetter zur Tatzeit?	Sonne Nebel Wolken	fahren in die Zeitung
Wie kamen die Polizisten ins Haus?	Kellerfenster Dachluke Balkon	Lerchenstraße 112! Hauseingang offen
Wo waren die Hausbesitzer zur Tatzeit?	Urlaub Kino Theater	Taschenlampe Einbrecher Ein Einbruch!

c Bitte kommen Sie sofort in die Lerchenstraße 112! Ein Einbruch!

d Hauptkommissar Holzberger und Kommissar Die Tischler sind eben über Handy an den Tatort in der Lerchenstraße gerufen worden. Wenige Minuten später erreichen die beiden Kommissare das Haus in der Lerchenstraße Katze 112. Es ist Nacht und der Nebel verdeckt die Sicht. Nur ganz schwach können sie die Umrisse des Hauses erkennen. Sie öffnen Bärli leise das Gartentor und gehen über den Rasen auf das Haus zu. Trotz des Nebels erkennen sie, dass im ersten Stock des Hauses in einem Zimmer das Licht an- und ausgeht. Das Zimmer liegt genau über dem Eingang. Kein Zweifel: In regelmäßigen Abständen geht das Licht an und wieder aus – immer wieder an und immer wieder spielte aus. Und schon wieder: Das Licht geht an und das Licht geht aus. Jetzt wissen die Männer, warum sie gerufen wurden.

„Hier sind vermutlich mit Einbrecher am Werk!", stellt Hauptkommissar Holzberger fest. „Natürlich!", antwortet der andere Kommissar. „Das Licht scheint von der Taschenlampe des Einbrechers zu stammen."

Frau Glotzinger, die Nachbarin, war es, die die Polizei gerufen hat. Sie teilte den Kripomännern mit, dass die Hausbesitzer heute der Abend im Theater sind und nicht vor Mitternacht zurückkommen. So kann sich der Einbrecher in aller Ruhe umsehen.

„Hier ist das Kellerfenster nur gekippt!" Kommissar Tischlers geschultem Blick ist das nicht entgangen. „Dann nichts wie ins Haus!", befiehlt der Hauptkommissar. Im Nu ist das Kellerfenster Schnur geöffnet und die beiden Kripoleute zwängen sich durch das Fenster ins Innere des Hauses. Ganz langsam, ganz leise und ganz vorsichtig schleichen sie die Kellertreppe hinauf. Sie befinden sich jetzt im Flur. Im Haus der ist es ganz still. Man würde eine Stecknadel fallen hören. Nur eine große Wanduhr tickt und unterbricht die Stille.

Dann – ein Geräusch. Die beiden Kommissare gehen blitzschnell in Deckung und verstecken sich hinter der Tür. Puh! Es ist das Telefon, das plötzlich läutet.

Hoffentlich wird der Einbrecher durch das Klingeln Leselampe nicht nervös. Nach einigen Augenblicken verstummt das Telefon.

Langsam gewöhnen sich die Augen der Polizisten an die Dunkelheit. Und so tasten sie sich ganz vorsichtig am Treppengeländer in den ersten und Stock des Hauses vor. Dort ist es ganz ruhig. Man kann keine Geräusche hören. Im oberen Stockwerk gibt es drei Zimmer.

Das mittlere schaltete Zimmer liegt genau über dem Hauseingang. Also muss sich der Einbrecher in diesem Raum aufhalten. Hauptkommissar Holzberger drückt ganz langsam die Türklinke nach unten und öffnet die die Tür.

Die beiden Polizisten halten den Atem an. Die Tür ist nun einen Spalt Lampe breit geöffnet. Sie haben sich nicht geirrt: Das Licht geht an und wieder aus. Jetzt können sie auch deutlich Geräusche hören. Der immer Einbrecher durchsucht das Zimmer wohl gründlich.

Hauptkommissar Holzberger und Kommissar an Tischler geben sich ein Zeichen. Kommissar und Tischler zählt bis drei aus und die beiden schalten dann ihre Taschenlampen ein.
Mit Anspannung im ganzen Körper stehen sie dem Einbrecher gegenüber. Doch sie können ihn nicht verhaften …
Die Katze Bärli spielte mit der Schnur der Leselampe und schaltete die Lampe immer an und aus.

107 a

	Förster	Meier	Weier	4 Euro	5 Euro	6 Euro	CDs	Spielsachen	Süßes
Lena	–	+	–	+	–	–	–	–	+
Emma	+	–	–	–	+	–	–	+	–
Merle	–	–	+	–	–	+	+	–	–
CDs	–	–	+	–	–	+			
Spielsachen	+	–	–	–	+	–			
Süßes	–	+	–	+	–	–			
4 Euro	–	+	–						
5 Euro	+	–	–						
6 Euro	–	–	+						

Vorname	Nachname	Taschengeld	Ausgabe
Lena	Meier	4 Euro	Süßes
Emma	Förster	5 Euro	Spielsachen
Merle	Weier	6 Euro	CDs

b

		Vorname Störer				Gestörter				Störung			
		Ede	Peter	Rainer	Thea	Fuhrmann	Glück	Maginot	Märzluft	Hämmern	Hundegebell	Party	Saxophon
Nachname Störer	Grobmann	–	+	–	–	–	+	–	–	–	–	+	–
	Löffler	+	–	–	–	–	–	+	–	–	+	–	–
	Tauber	–	–	+	–	+	–	–	–	+	–	–	–
	Volk	–	–	–	+	–	–	–	+	–	–	–	+
Störung	Hämmern	–	–	+	–	+	–	–	–				
	Hundegebell	+	–	–	–	–	–	+	–				
	Party	–	+	–	–	–	+	–	–				
	Saxophon	–	–	–	+	–	–	–	+				
Gestörter	Fuhrmann	–	–	–	+								
	Glück	–	+	–	–								
	Maginot	+	–	–	–								
	Märzluft	–	–	+	–								

Vorname	**Nachname**	**Gestörter**	**Art der Störung**
Ede	Löffler	Maginot	Hundegebell
Peter	Grobmann	Glück	Party
Rainer	Tauber	Fuhrmann	Hämmern
Thea	Volk	Märzluft	Saxophon

Lesen – 4. Klasse

In der Bücherei – Erste Aufwärmübungen zum Einlesen

108

S	I	E	B	E	N

F	A	H	R	R	A	D

P	I	S	A

109

a Anna | und | Leon | haben | sich | in | der | Stadtbücherei | getroffen. | Nachdem | Leon | seine | Bücher | zurückgegeben | hat, | schmökern | die | beiden | in | der | Bücherei | herum.

ERFREUT | ENTDECKT | LEON | EIN | NEUES | BUCH | ÜBER | DAS | WELTALL, | DAS | ER | SOFORT | MITNIMMT. | LEON | LIEST | NICHT | NUR | WISSENSCHAFTLICHE | BÜCHER. | ER | IST | EIN | FAN | VON | DETEKTIVGESCHICHTEN. | DESHALB | LEIHT | ER | SICH | ZWEI | BÄNDE | AUS | DER | REIHE | „KOMMISSAR | WELBER | LÖST | DIE | SCHWERSTEN | FÄLLE“ | AUS.

Ann a | gefal len | Bü cher | ü ber | Pfe rde | g anz | bes ond ers. | Sie | en tdeckt | drei | Bü che r | üb er | Pfer de, | die | sie | s ich | a usleiht. | Da | A nna | im | U nte rricht | ger ade | die| R ömer | du rchnim mt, | nim mt | si e | au ch | no ch | ein | Bu ch | m it | dem | Tit el | „Ro m | – E ine | re iche | Ve rgan gen heit“ | mit. | „Je tzt | si nd | wi r | wied er | für | e ine | Wo che | m it | Le ses toff | ve rso rgt“,| fre ut | s ich | L eon.

Nach der Bücherei gehen die beiden ins Eiscafé und bestellen sich einen großen Eisbecher. Den haben sie sich verdient.

b Anna und Leon haben sich in der **Apotheke** getroffen.
Er ist **kein** Fan von Detektivgeschichten.
Den haben sie sich **gekauft**.
Anna gefallen Bücher über **Vögel** ganz besonders.
Nachdem Leon seine Bücher zurückgegeben hat, schmökern die **zwei** in der Bücherei herum.
Sie **findet** drei Bücher über Pferde, die sie sich ausleiht.

Nach der Bücherei gehen die beiden ins Eiscafé und bestellen sich einen **riesigen** Eisbecher.
Leon liest nicht **einmal** wissenschaftliche Bücher.
Erfreut entdeckt Leon ein neues Buch über das Weltall, das er **schnell** mitnimmt.

~~gekauft~~	Ich	~~Apotheke~~	~~kein~~	bin
~~zwei~~	schon	ein	~~findet~~	~~Vögel~~
guter	~~riesigen~~	~~einmal~~	Leser	~~schnell~~

Ich bin schon ein guter Leser.

110 a blau unterstrichen: Zeilen 1, 6, 9, 14, 20, 24, 26, 32, 36
gelb unterstrichen: Zeilen 2, 5, 12, 15, 17, 22, 28, 30, 34
rot unterstrichen: Zeilen 3, 7, 10, 13, 19, 23, 27, 31, 33
grün unterstrichen: Zeilen 4, 8, 11, 16, 18, 21, 25, 29, 35

b

Zeilennummer	1	2	3	4	5	6	7	8	9	10	11	12
Kennbuchstabe	**B**	**L**	**B**	**B**	**E**	**U**	**U**	**U**	**C**	**C**	**C**	**S**

Zeilennummer	13	14	15	16	17	18	19	20	21	22	23	24
Kennbuchstabe	**H**	**H**	**E**	**H**	**R**	**T**	**S**	**S**	**I**	**A**	**T**	**E**

Zeilennummer	25	26	27	28	29	30	31	32	33	34	35	36
Kennbuchstabe	**T**	**I**	**A**	**T**	**E**	**T**	**B**	**T**	**E**	**E**	**L**	**E**

c blau: **BUCHSEITE** gelb: **LESERATTE**
rot: **BUCHSTABE** grün: **BUCHTITEL**

111 schmeichelnden Worten an: „Sei du gegrüßt, Meister Rabe! Ihr seht gut
bist im Angebot. Überzeugen Sie sich, geschätzte Kundinnen und
zu lassen, sperrte er den Schnabel auf. Dabei fiel ihm ein Käse auf
Sterne sind so weit von guter Erde entfernt, dass wir sie nur als
Endlich ist die kalte Jahreszeit vorbei. Die Leser treiben

Lösung:

D	U		B	I	S	T		E	I	N

G	U	T	E	R		L	E	S	E	R	.

Anna und Leon auf Schnipseljagd – Texte wortgenau lesen

112 a

1	Wenn der Wind ständig die Richtung ändert, dann haben die Dünen keine besondere Form.
2	Wenn der Wind ständig seine Richtung ändert, dann haben die Dünen keine besondere Form.
3	Wenn der Wind immer seine Richtung ändert, dann haben die Dünen keine besondere Form.
4	Wenn der Wind ständig die Richtung dreht, dann haben die Dünen keine besondere Form.
5	Wenn der Wind ständig seine Richtung ändert, dann haben die Dünen eine besondere Form.
6	Wenn der Wind ständig seine Richtung ändert, dann haben die Dünen keine besondere Form.
7	Wenn der Wind oft seine Richtung ändert, dann bekommen die Dünen eine besondere Form.

b **Das Ergebnis dieses Missbrauchs nennt man Verwüstung.**

Sie halten Sand und Staub ab und verhindern einen Sonnenbrand.

Durch das Abholzen von Bäumen und durch die Übergrasung kann fruchtbares Land zur Wüste werden.

Das stimmt nur zur Hälfte, denn nachts kühlt es ab und die Wüstengebiete sind sehr kalt.

113 a

1	2	3	4	5	6	7	8	9	10	11
DI	ES	EW	EL	FL	ÜS	UZ	TE	LE	AN	BT

Lösungssatz: **DIE WÜSTE LEBT**

b Gruppenergebnis: Die Rauchschwalbe und ihre Artgenossen sind wie viele andere Vogelarten Zugvögel. Im Herbst verlassen sie unsere Heimat und verbringen den Winter im warmen Afrika. Im Frühling kommen sie wieder. Wir haben herausgefunden: Der Mauersegler sieht einer Schwalbe zum Verwechseln ähnlich. Er gehört aber zu einer anderen Vogelfamilie.
Schnipsel: **10**

Bis zum Freitag das Kopiergeld mitbringen. Die Sprechzeit von Frau Reber hat sich geändert. Elternsprechstunde ist am Montag um 13.00 Uhr oder nach Vereinbarung. Im März kommt ein Puppentheater in die Schule. Eintrittsgeld von 2 € 50 Cent mitbringen!
Schnipsel: **2** und **5**

Süßigkeiten sind schlecht für die Zähne. Wenn wir schon Süßes essen, sollten wir nicht vergessen, die Zähne zu putzen. Mehrmals am Tag sollten wir frisches Obst essen. Zu einer gesunden Lebensweise gehört auch viel Bewegung. Lieber mal draußen herumtollen, als ständig vor dem Fernseher oder dem Computer sitzen!
Schnipsel: **4** und **7**

114

3	Jetzt schreibt sie ihren Vortrag über die Wüste noch einmal ab.	h
5	Die anderen Kinder stellen viele Fragen zu ihrem Vortrag.	g
1	Endlich hat Anna alle Textschnipsel in der richtigen Reihenfolge sortiert.	s
6	Anna ist gut vorbereitet und kann viele Fragen beantworten.	u
7	Frau Reber ist sehr zufrieden mit Annas Arbeit.	t
2	Sorgfältig klebt sie alle Schnipsel auf ein leeres Blatt.	e
4	Am nächsten Morgen darf sie als Erste in der Klasse ihr Referat halten.	r

1	2	3	4	5	6	7
s	**e**	**h**	**r**	**g**	**u**	**t**

Sommer, Sonne, Reisezeit – Das Auge schulen

115 a Frau Meyer-Pollander …

BBBBBBB**V**BBBBBBBBBB
BBBB**E**BBBBBBB**R**BBBBB
BBBBBBBBB**R**BBBB**E**BBB
BBBBBBB**I**BBBBBBBBBBB
BBB**S**BBBBBBBBB**T**BBBB
BBBBBBBBB**E**BBBBBBBB
BBBBB**M**BBBBBBBB**I**BBBB
BBBBBBBBBB**T**BBBBBBB
BBB**D**BBBBBBBBBBBBBB
B**E**BBBBBBBBB**M**BBBBBB
BBB**Z**BBBBBBBBBBBB**U**BB
BBBBBBBBBB**G**BBBBBBB

verreiste mit dem Zug

SSSSSSSSSSSSSSSSSSS
SSSSSSS**H**SSSSSSSSSSS
SSS**A**SSSSSSSSSS**T**SSSS
SSSSSSSS**E**SSSSSSSSSS
SSSSSSSSSSSSS**I**SSSSS
SSS**N**SSSSS**E**SSSSSSSSS
SSSSSSSSSSSSSS**N**SSSS
SSSSSS**P**SSSSSSSSSSSS
SSS**A**SSSSSSSS**P**SSSSSS
SSSSSSSSSSSSSSSS**A**SS
SSS**G**SSSSSSSSS**E**SSSS
SSSSSSSS**I**SSSSSSSSSS

hat einen Papagei

Frau Kürbenicker …

KKKKK**M**KKKKKKKK**A**KKK
KKKKKKKKKKK**C**KKKKKK
KKK**H**KKKKKKKKKK**T**KKK
KKKKKKKK**E**KKKKKKKKK
KKKKK**E**KKKKKK**I**KKKKKK
K**N**KKKKKKK**E**KKKKKKKK
KKKKKKKKKKKKK**F**KKKK
KKKK**L**KKKKKK**U**KKKKKK
KKKKKKK**G**KKKKKKKKKK
KK**R**KKKKKKKKKKKK**E**KK
KKKKK**I**KKKK**S**KKKKKKKK
KKKKKKKKKKKKKK**E**KKK

machte eine Flugreise

AAAAAAAAAAAAAAAAAA
AAAAA**L**AAAAAAA**I**AAAAA
AAAAAAAAA**E**AAAAAAAA
AAAAAAAAAAAAAAAAAA
AAA**B**AAAAAAAAA**T**AAAA
AAAAAAAA**B**AAAAAAAAA
AAAAAAAAAAAA**L**AAAAA
AAAAA**U**AAAAAAAAAAAA
AAAAAAAAA**M**AAAAAAAA
AAAAAAAAAAAAAAAAAA
AA**E**AAAAAAAAAA**N**AAAA
AAAAAAAAAAAAAAAAAA

liebt Blumen

Frau Wellner-Dammert …

G G G G **B** G G G G G G G G G G G
G G G G G G G G G **U** G G G G G G
G G G G G G **C** G G G G G G **H** G G
G G **T** G G G G G G G **E** G G G G G
G G G G G G **E** G G G G G G G **I** G G
G G G **N** G G G G G G **E** G G G G G
G G G G G G G **S** G G G G **C** G G G
G G G G **H** G G G G **I** G G G G G G
G G G G G G **F** G G G G **F** G G G G
G **S** G G G G G G G **R** G G G G G G
G G G G G **E** G G G G G G G **I** G G G
G G **S** G G G G G G G G **E** G G G G

buchte eine Schiffsreise

W W W W W W W W W W W W W W
W W W **L** W W W W W W W W W W
W W W W W W W W **I** W W W W W
W W W W W **E** W W W W W W W W
W W W W W W W W W W W **S** W W
W W **T** W W W W W **S** W W W W W
W W W W W W W W W W W **E** W W
W W W W **H** W W W W **R** W W W W
W W W W W W W W W W W W W W
W **V** W W W W W **I** W W W W W W
W W W W **E** W W W W W W W W W
W W W W W W W W W W **L** W W W

liest sehr viel

b Frau Kürbenicker

liebt Blumen.
mag die Farbe Blau überhaupt nicht.
machte eine Flugreise.
ist seit einem Jahr Witwe.

Frau Meyer-Pollander

hat eine zehnjährige Enkelin.
hat einen Papagei.
wohnt in der zweiten Etage.
verreiste mit dem Zug.

Frau Wellner-Dammert

heißt mit Vornamen Marlies.
buchte eine Schiffsreise.
liest sehr viel.
spricht fließend Spanisch.

116 a Frau

W	E	L	L	N	E	R	-	D	A	M	M	E	R	T
K	Ü	R	B	E	N	I	C	K	E	R				
M	E	Y	E	R	-	P	O	L	L	A	N	D	E	R

b Frau

M	E	Y	E	R	-	P	O	L	L	A	N	D	E	R
W	E	L	L	N	E	R	-	D	A	M	M	E	R	T
K	Ü	R	B	E	N	I	C	K	E	R				

c Frau

W	E	L	L	N	E	R	-	D	A	M	M	E	R	T
K	Ü	R	B	E	N	I	C	K	E	R				
M	E	Y	E	R	-	P	O	L	L	A	N	D	E	R

Die Enkelin heißt **M E L A N I E** .

117 Auf dem Schiff gibt es viel zu sehen. Frau Wellner-Dammert hat sich vorgenommen, den Luxusliner in den nächsten Tagen zu erkunden. Doch zunächst ist der Kapitänsempfang. Eine Empfangsdame flüstert dem Kapitän die Namen der Passagiere zu. Als Frau Wellner-Dammert an der Reihe ist, dem Kapitän die Hand zu schütteln, flüstert die Empfangsdame: „Frau **Waltraud** Wellner-Dammert". Der Kapitän freut sich und sagt: „Ich habe gehört, Sie sprechen fließend **Französisch**. Das finde ich wunderbar!"
Der Tag war anstrengend und aufregend, und so zieht sich Frau Wellner-Dammert in ihre Luxuskabine zurück. Da sie **nicht gerne liest**, lässt sie sich müde in einen bequemen Sessel fallen und sieht sich ein Video an.

Sie heißt Marlies.
Sie spricht fließend Spanisch.
Sie liest sehr viel.

Frau Kürbenicker hat sich einen frischen Saft von der Stewardess bringen lassen. Sie muss an ihren geliebten Gatten denken, obwohl sie schon **seit vielen Jahren** Witwe ist. Mit ihrem Mann wäre die Reise noch viel schöner gewesen. Sie selbst **mag zwar Blumen nicht so sehr**, aber sie stellt ihrem verstorbenen Gatten jede Woche welche auf das Grab.
Der blaue Himmel, den Frau Kürbenicker durch die Luke sieht, begeistert sie über alle Maßen. Sie **mag die Farbe Blau überhaupt sehr gerne**. Weil sie sich so wohlfühlt, macht sie ein Nickerchen hoch über den Wolken.

Sie ist seit einem Jahr Witwe.
Sie liebt Blumen.
Sie mag die Farbe Blau überhaupt nicht.

In etwa einer halben Stunde möchte Frau Meyer-Pollander im Bordrestaurant etwas zu sich nehmen. Eben noch führte sie ein Handygespräch mit ihrer **zwölfjährigen** Enkelin und nun genießt sie den Blick auf die vorbeiziehende Landschaft. Da sie sich im Intercity einen Fensterplatz reservieren ließ, hat sie einen wunderschönen Blick auf den Rhein und die Weinberge. Während des Urlaubs wird ihre **Katze** von einer Nachbarin betreut. Die Nachbarin von Frau Meyer-Pollander lebt ebenso wie sie in der **vierten Etage** ihrer Wohnanlage.

Sie hat eine zehnjährige Enkelin.
Sie hat einen Papagei.
Sie wohnt in der zweiten Etage.

118

Marlies P	Witwe M	Papagei M	Heimathafen Y
Beethoven Ü	Luxus-kabine R	Stewardess A	11 000 m L
Wohnanlage N	Melanie C	Zürich L	liest sehr viel A
Sessel M	Spanisch I	Blumen O	Nachbarin H
Fensterplatz E	Video D	Gatte R	Wolken C
Flughöhe A	aufregend E	zehnjährig N	mehrwöchig N

blau, Frau Meyer-Pollander

M	**Ü**	**N**	**C**	**H**	**E**	**N**

rot, Frau Kürbenicker

M	**A**	**L**	**L**	**O**	**R**	**C**	**A**

grün, Frau Wellner-Dammert

P	**Y**	**R**	**A**	**M**	**I**	**D**	**E**	**N**

119 **Wenn alle zusammen essen, gibt es Salat.** (Anna richtet sich nach Leon, Elias und Petra richten sich nach Alexander, Leon passt sich Petra an und Mattis richtet sich nach Anna. Also richten sich alle nach Alexander und der isst Salat.)

120 Emma Riler Stein: **Malermeisterin**
Karl Reihervel: **Klavierlehrer**

Angebote über Angebote – Informationen erfassen

121 a Heike und Leon dürfen sich ein Geschenk aussuchen, weil …

sie Geburtstag haben.	☐	EI
ihre Zeugnisse gut waren.	☒	GE
es bald Weihnachten ist.	☐	AN

b Im Café …

bestellt Oma ein Glas Tee und Kuchen.	☐	NK
essen die Kinder einen Pinocchio-Becher.	☒	SC
bringt der Ober allen einen Vanillekrapfen.	☐	GE

c Oma möchte …

für ein Geschenk nicht mehr als 20 € ausgeben.	☐	BO
für beide Geschenke etwa 15 € ausgeben.	☐	HÄ
für jedes Geschenk nicht mehr als 15 € ausgeben.	☒	HE

d Was stimmt nun?

Heike hat schon einen Tiger-Rucksack.	☐	FT
Leon sammelt Fußballerfiguren.	☒	NK
Leon hat einen Mega-Kran mit Kabelsteuerung.	☐	TE

Die Kinder freuen sich über ihr

G	E	S	C	H	E	N	K

.

122 Schreibwarengeschäft – **Bäckerei** – Handy-Shop
Lampengeschäft – **Spielzeugladen** – Schmuckgeschäft
Teestube – Apotheke – Pizzeria
Sparkasse – **Buchhandlung** – Bekleidungsgeschäft
Bäckerei – Handy-Shop – **Döner-Stand**
Schuhgeschäft – Lampengeschäft – Spielzeugladen

123 a Sparkasse, Buchhandlung, ~~Spielzeugladen~~, Bekleidungsgeschäft, Metzgerei, Café

b Lampengeschäft, Spielzeugladen, Schmuckgeschäft, Teestube, ~~Bäckerei~~, Apotheke

c Pizzeria, Apotheke, Teestube, Schmuckgeschäft, Spielzeugladen, ~~Reisebüro~~, Lampengeschäft

d Döner-Stand, Handy-Shop, ~~Blumengeschäft~~, Bäckerei, Schreibwarengeschäft, Fernseh- und Videogeräte, Café

124 Der Herr im dunkelblauen Mantel:
- [ ] im Schuhgeschäft
- [x] in der Buchhandlung
- [ ] in der Apotheke

Die vornehme Dame:
- [ ] in der Bäckerei
- [ ] im Lampengeschäft
- [x] im Schmuckgeschäft

Die zwei Jugendlichen:
- [x] am Döner-Stand
- [ ] im Handy-Shop
- [ ] im Spielzeugladen

Die Mutter mit ihrer kleinen Tochter:
- [ ] im Reisebüro
- [x] in der Bäckerei
- [ ] in der Teestube

125 a **Unser** Einkaufsbummel mit Oma war **klasse**. Wir hätten es noch viel länger im Einkaufszentrum ausgehalten. Es gab dort sehr viel zu sehen, sodass es uns überhaupt nicht langweilig **war**. Heike **redete** die ganze Zeit von ihrer Kuschelwuschel-Sammlung. **Später** kamen wir zum Spielzeuggeschäft. Was es **hier** alles zu kaufen gab! Schade, dass wir nur einen Wunsch frei hatten. Zuerst liefen wir durch die ganze Spielwarenabteilung und sahen uns alles an. Endlich standen wir vor den Actionfiguren. Es gab alle bekannten **Ballkünstler**. Manuel Neuer war natürlich auch dabei. Heike fand in der oberen Etage des Spielzeuggeschäftes die Kuscheltiere und entdeckte auch gleich einen schönen Tiger.
Wir durften unsere Geschenke auswählen und Oma bezahlte **sofort** an der Kasse. Wir waren **überrascht**: Nicht nur wir beide, sondern auch **Omi** bekam von der freundlichen Verkäuferin ein hübsch **eingepacktes** Geschenk.

b

U	N	S	E	R							
K	L	A	S	S	E						
W	A	R									
R	E	D	E	T	E						
S	P	Ä	T	E	R						
H	I	E	R								
B	A	L	L	K	Ü	N	S	T	L	E	R
S	O	F	O	R	T						
Ü	B	E	R	R	A	S	C	H	T		
O	M	I									
E	I	N	G	E	P	A	C	K	T	E	S

Das dritte Geschenk war ein …

S	K	A	T	S	P	I	E	L	F	Ü	R	O	P	A

.

Hüte dich vor dem Fuchs! – Literarische Texte lesen

126

	Märchen		Fabel	
… auf einer Wiese	☒	ESW	☐	D
… in einen tiefen Brunnen	☐	IST	☒	H
… über deinen Rücken	☐	IR	☒	A
… in eine Reihe stellen	☒	ARE	☐	U
… wie Haare im Bart	☐	NUM	☒	UP
… da ist keine Gnade	☒	INM	☐	D
… mit einem gewaltigen Satz	☐	MAH	☒	TR
… ein recht langes Gebet	☒	AL	☐	A
… das Wasser ist ausgezeichnet	☐	VO	☒	O
… an den Rand des Brunnens	☐	RL	☒	L
… wie ihm befohlen war	☐	SCH	☒	LE

So beginnen viele Märchen:

E	S		W	A	R		E	I	N	M	A	L

…

Sehr oft spielt der Fuchs in der Fabel die

H	A	U	P	T	R	O	L	L	E

.

127 a **fett gedruckt = blau** ☒

mager gedruckt = rot ◯

DIE DER **GÄNSE** FUCHS **FINGEN** LOCKTE **AN** DEN **ZU** ZIEGENBOCK **GACKERN** MIT **UND** EINER **FLEHTEN** LÜGE **UM** IN **IHR** DEN **LEBEN** BRUNNEN.

☒ a ◯ b ☐ c

b **DER** DIE **GUTGLÄUBIGE** GOLDENE **ZIEGENBOCK** KUGEL **WARTETE** WAR **VERGEBLICH** DER **AUF** KÖNIGSTOCHTER **DIE** IN **HILFE** DEN **DES** BRUNNEN **FUCHSES** GEFALLEN.

☐ a ☒ b ◯ c

c **AM** MIT **ENDE** SEINEM **WOLLTEN** ROTEN **ALLE** MÜTZCHEN **GÄNSE** GING **EIN** DAS **NICHT** MÄDCHEN **MEHR** ALLEINE **ENDENDES** DURCH **GEBET** DEN **SPRECHEN** WALD.

[X] a [ ] b [O] c

d **DIE** DER **ZAUBERIN** LISTIGE **SPERRTE** FUCHS **DAS** LEGTE **KIND** DEN **MIT** DURSTIGEN **DEN** ZIEGENBOCK **SCHÖNEN** HEREIN **HAAREN** UND **IN** VERHÖHNTE **EINEN** IHN **TURM**.

[ ] a [O] b [X] c

Mozart, Smetana & Co. – Sachtexte lesen

128 a

Name	Vorname	Nationalität
Saint-Saëns	**Camille**	**französisch**
Smetana	Bedřich	**tschechisch**
Mozart	Wolfgang Amadeus	**österreichisch**
Vivaldi	**Antonio**	italienisch

b

Geburtsstadt	Begrüßung	Lebenszeit	Geburtsland
Venedig	**Buon giorno!**	**1678–1741**	**Italien**
Paris	Bonjour!	**1835–1921**	**Frankreich**
Salzburg	**Guten Tag!**	1756–1791	**Österreich**
Litomyšl	**Dobrŷ den!**	**1824–1884**	Tschechien

c

Verabschiedung	Gestorben in …	Werk
Na shledanou!	**Prag**	Mein Vaterland
Auf Wiedersehen!	**Wien**	**Zauberflöte** (*oder:* **Kleine Nachtmusik**)
Au revoir!	Nordafrika	**Karneval der Tiere**

129

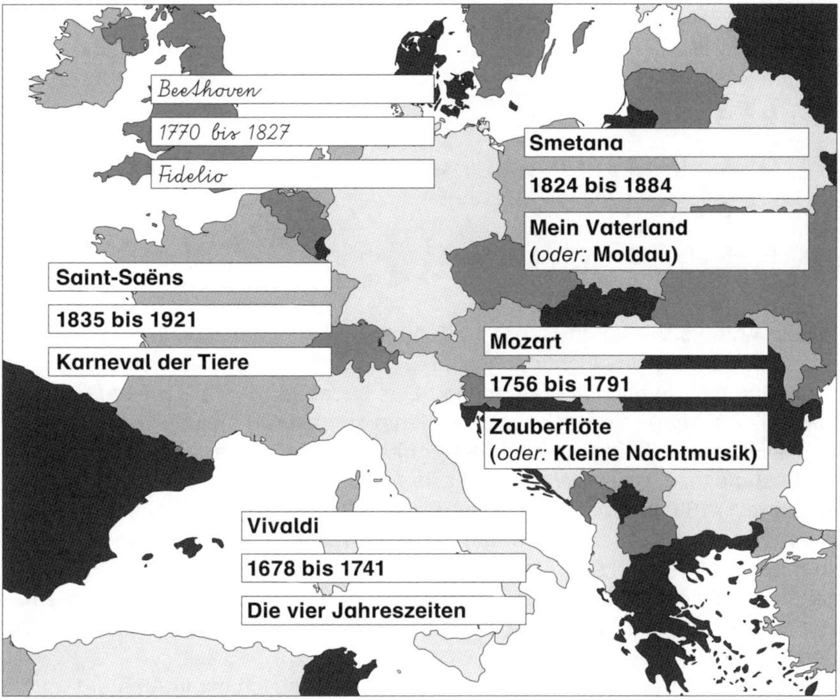

130 Mein Name ist **Wolfram** Smetana. Im Jahre 1824 wurde ich in der tschechischen **Lagune** Litomyšl geboren. Ich habe viele musikalische Werke verfasst. Mein bekanntestes Werk stammt aus dem Zyklus „Mein Vaterland“. Dieser Zyklus ist ein Werk mit **drei** Teilen. Einer davon ist die „**Wolga**“. Diesen Fluss beschreibe ich in meinem Werk musikalisch von seinen zwei Quellen bis zur Mündung in den großen Fluss **Tiber**. Die Moldau fließt durch die Stadt Prag und mündet bei der Stadt Melnik in die Elbe. Diese Reise der Moldau stelle ich in verschiedenen Bildern musikalisch dar. So gibt es eine Jagd im Wald, eine Bauernhochzeit, reißende Stromschnellen und anderes mehr.
Mich ereilte ein trauriges Schicksal. Als ich mit dem Komponieren der „Moldau“ begann, hatte ich mein Gehör schon fast vollständig verloren. Meine letzte Ruhestätte fand ich in **Venedig**, wo ich 1884 starb.

W	O	L	F	R	A	M	
L	A	G	U	N	E		
D	R	E	I				
W	O	L	G	A			
T	I	B	E	R			
V	E	N	E	D	I	G	

Ich bin Antonio Vivaldi. Im Jahre 1678 erblickte ich in der italienischen Lagunenstadt Venedig das Licht der Welt. Meinen Spitznamen hatte ich schnell weg: Man nannte mich „il prete rosso". Das bedeutet „der rote Priester". Warum? Ich hatte rote Haare und feierte im Jahre 1703 meine Priesterweihe. Meine Hauptbeschäftigung als Musiker hatte ich als **Vorsänger** und als Orchesterleiter in einem Waisenhaus in Venedig.
Im Jahre 1718 ging ich auf Europatournee. Ich bereiste dabei Städte in **Spanien** und kam nach Amsterdam, Prag und Wien. Die Reisen waren anstrengend, aber auch sehr erfolgreich. Mein **Flötenkonzert** „Die vier Jahreszeiten" ging wohl als bekanntestes meiner Werke in die Musikgeschichte ein. Darin beschreibe ich musikalisch den Frühling, den Sommer, den Herbst und den Winter.
Meine „Vier Jahreszeiten" waren so erfolgreich, dass ich mir in Amsterdam einen Verleger suchte, der meine Noten schneller drucken konnte als die Venezianer.

V	O	R	S	Ä	N	G	E	R				
S	P	A	N	I	E	N						
F	L	Ö	T	E	N	K	O	N	Z	E	R	T

Ich, Wolfgang Amadeus Mozart, wurde im Jahre 1756 in der österreichischen Stadt **Innsbruck** geboren. Mit vier Jahren lernte ich das Klavierspielen und mit fünf Jahren komponierte ich bereits kleine Stücke. Leopold Mozart, mein **Bruder**, brachte mir das alles bei. Damals nannte man mich ein musikalisches Wunderkind und ich durfte in Wien sogar vor dem Kaiser spielen.
17-mal unternahm ich Tourneen durch Deutschland, Frankreich, Belgien, England, die Niederlande und Italien.
Die meisten Leute kennen meine „Kleine Nachtmusik". Doch neben Klavierstücken und Streichquartetten habe ich auch Opern geschrieben. Eine meiner bekanntesten Opern ist die „Zauberflöte". Darin geht es um den jungen Prinzen **Peppino**, der die Königstochter Pamina aus einer Burg befreit. Dabei kommt ihm seine Zauberflöte, die sogar wilde Tiere zähmt, zu Hilfe.

Meine „Zauberflöte“ wurde im Jahre 1791 uraufgeführt. Die Oper war ein Riesenerfolg. Ich war aber zu der Zeit schon sehr **alt** und starb noch im Jahr der Uraufführung in Wien.

I	N	N	S	B	R	U	C	K
B	R	U	D	E	R			
P	E	P	P	I	N	O		
A	L	T						

Mein Name ist Camille Saint-Saëns. Geboren bin ich im Jahre 1835 in der französischen Hauptstadt Paris, gestorben bin ich im Jahre 1921 in **Holland**. Ich möchte nicht angeben, aber bereits im Alter von drei Jahren konnte ich Noten lesen. Zunächst erlernte ich das Klavierspielen und gab Konzerte in Paris. Meine besondere Vorliebe galt immer schon den **Opern**. Ich kam deshalb auf die Idee, die Tiere musikalisch darzustellen. Mein Werk nannte ich den „Karneval der Tiere“. Darin kommen unter anderem ein Löwe, Vögel, wilde Esel, Schildkröten, Fische im Aquarium, ein **Vampir** und ein Schwan vor. Den „Karneval der Tiere“ komponierte ich **Ende** 1886 als musikalischen Scherz. Er wurde auf einem Karnevalskonzert in **London** uraufgeführt. Niemand hätte geglaubt, dass dieses Werk mein berühmtestes werden sollte.

H	O	L	L	A	N	D	
O	P	E	R	N			
V	A	M	P	I	R		
E	N	D	E				
L	O	N	D	O	N		

Diesen bedeutenden Komponisten kennst du sicher auch:

L	U	D	W	I	G	V	A	N

B	E	E	T	H	O	V	E	N

131 Alfred: **wohnt im Westen, spielt Geige**
Balduin: **wohnt im Norden, spielt Geige**
Claus: **wohnt im Süden**
Detlef: **wohnt im Osten**

132 **Lieber Leon!**
Am Freitag gehe ich mit meiner Tante Daniela auf ein Kinder-Krimifest. Ich freue mich sehr, wenn du mitkommen willst. Hast du Lust? Der Eingangscode lautet „Privatdetektiv“.
Alles Liebe, deine Anna
(Anna hat statt des richtigen Buchstabens immer einen Buchstaben weiter hinten im Alphabet geschrieben, also a = b, b = c usw.)

Ein buntes Programm für Kinder – Gebrauchstexte lesen

133 a Für Mutige gibt es …

- Bungee-Springen. ☐ FE
- eine Geisternacht. ☒ AN
- Steilwandklettern. ☐ AB

Für Leseratten gibt es …

- eine Bücherausstellung. ☐ RI
- einen Büchereibesuch. ☐ PR
- einen Vorlesewettbewerb. ☒ ME

Für Sportliche gibt es …

- Ponyreitkurse. ☒ LD
- Wasserskifahren. ☐ OG
- einen Skater-Wettbewerb. ☐ LT

Anstrengend sind …

- die Bastelkurse. ☐ RA
- die Theaterkurse. ☐ EN
- die Bergtouren. ☒ UN

Schnorcheln findet statt …

- in einem Hallenbad. ☐ M
- in einem Waldsee. ☒ G
- in einem Fluss. ☐ K

Das Wichtigste für die Teilnahme an einem Ferienangebot ist die

A	N	M	E	L	D	U	N	G

.

b

Platz	Angebot
9	Bergtouren
7	Ritterburg
6	Fotografieren
10	Malen
2	Ponyreiten
8	Instrumente
5	Filmstudio
1	Geisternacht
3	Vorlesen
4	Schnorcheln

134 a Anna möchte an der Geisternacht teilnehmen. Ihre Tante Daniela hat ihr vorige Woche extra einen Schlafsack gekauft. Annas Mutter hat am 24. Juli unter der Telefonnummer 01234 718 angerufen und ihre Tochter angemeldet. Die 17 € Kosten übernimmt der Vater. Annas Taschengeld hätte da nicht ausgereicht. Ganz schön aufgeregt läuft Anna mit ihrem Geistergepäck zum Treffpunkt an die **Pestalozzi-Grundschule**.

Der Treffpunkt ist an der Ludwig-Grundschule und nicht an der Pestalozzi-Grundschule.

b Der neunjährige Sebastian ist sehr musikalisch. Seit einem Jahr nimmt er Klavierunterricht. Er interessiert sich für den Workshop „Herstellen einfacher Instrumente". Eine Trommel wollte er immer schon bauen. Am Donnerstag geht er mit seinem Kittel und einer großen Tasche zur Musikschule am Rathausplatz. Bis 14.30 Uhr hat er noch eine Menge Zeit und so kauft er sich im Schreibwarengeschäft noch zwei linierte Hefte für die Schule. Sebastians Bruder Felix darf am Kurs leider nicht teilnehmen, weil er erst sechs Jahre alt ist. Der Instrumentenbau ist nur für Teilnehmer ab neun Jahren. Sebastian freut sich, dass man an zwei Nachmittagen für nur **11** € zwei Instrumente basteln und behalten darf.

Der Workshop kostet 11 € pro Nachmittag. Für zwei Nachmittage muss Sebastian also 22 € bezahlen.

c Leon ist am 25. April **zehn Jahre alt** geworden. In den Sommerferien möchte er den Schnorchelkurs besuchen. Seine Mutter meldet ihn unter der Telefonnummer 01234 718 an. Leon hat bereits im vorigen Jahr seine Fahrtenschwimmerprüfung gemacht. Heute ist nun der Kurs. Seine Mutter fährt ihn mit dem Auto zur Römer-Grundschule. Sie mahnt ihn: „Beeile dich ein wenig, Leon! Es ist schon gleich 12 Uhr.“

Der Schnorchelkurs ist für Jungen und Mädchen ab 11 Jahren. Leon darf an dem Kurs also gar nicht teilnehmen.

Leon hat gestohlen? – Längere Texte genau erfassen

135 Sophie hätte beinahe ihr Eis verschluckt, weil …

sie den Mund zu voll genommen hatte. ☐ BE
Leon mit der Polizei aus dem Fantasy kam. ☒ VE
Jörg ihr die ganze Waffel in den Mund schob. ☐ L

Das Polizeiauto …

fuhr mit Leon und zwei Polizisten davon. ☒ R
fuhr mit Blaulicht davon. ☐ WE
fuhr ohne Leon weg. ☐ A

Leon zeigte in der Klasse …

ein Sticker-Album und ein Handy. ☐ IS
ein Computerspiel und ein Handy. ☐ DA
ein Sticker-Album und ein Computerspiel. ☒ MU

Im Pausenhof …

drohte Tanja Anna Dresche an. ☐ CH
balgten sich Tom und Felix. ☐ E
hielten Kevin und Lena Leon für einen abgebrühten Dieb. ☒ TU

Nach der Pause …

war Leon nicht im Klassenzimmer. [X] NG

begann Tom, Anna herumzuschubsen. [ ] D

stellte Frau Reber der Klasse 4 b einige Fragen. [ ] T

Als Leon mit der Polizei aus dem Fantasy kam, hatten Sophie und Jörg schon eine

V	E	R	M	U	T	U	N	G

.

136

a				T	A	N	J	A
b	S	O	P	H	I	E		
c		M	I	C	H	A	E	L
d		L	E	A				
e				D	A	N	A	
f		J	Ö	R	G			
g		S	T	E	F	A	N	
h			Y	V	O	N	N	E

Leon steht unter

V	E	R	D	A	C	H	T

.

137 Anna:
Der Satz vor dieser Information lautet:
Das lässt sich doch leicht erklären …
Zeile(n): **34/35**

Leon:
Der Satz vor dieser Information lautet:
Aber ich habe bestimmt nicht gestohlen …
Zeile(n): **27**

Polizeihauptmeister Ritter:
Der Satz vor dieser Information lautet:
Vorhin erst erfuhr ich von Leon davon.
Zeile(n): **70**

138

	richtig		falsch	
Anna ruft wie alle anderen: „Leon ist ein Dieb!“	☐	T	☒	D
Anna hält zu Leon.	☒	N	☐	E
Anna weiß, woher Leon das Sticker-Album und das Computerspiel hat.	☒	U	☐	D
Anna wurde von den anderen bewundert, weil sie zu Leon hielt.	☐	I	☒	E
Anna schweigt lieber, weil sie von den anderen nicht herumgeschubst werden will.	☐	A	☒	R
Anna steht zu ihrer Meinung.	☒	F	☐	D

Anna ist ein wahrer **F R E U N D** .

139 „Al le | g laub ten, | da ss | L eon | ei n | La dend ieb | i st. | Da s | mu sste | ic h | doc h | auc h | glau ben. | Sch ließl ich | wu rde | Le on | v on | der | P olize i | aus | dem | F anta sy | geh olt. | Es | ha t | si ch | ab er | he rausg est ellt, | d ass | L eon | gar | n icht | gest ohle n | hat. | E ine r | der | P oli zis ten | is t | näm lich | s ein | On kel, | de n | er | z ufäl lig | i m | Sp ielw are nges chäf t | getr offe n | ha t. | Ic h | hab e | mi ch | g ründl ich | ge irr t | un d | wer de | m ich | b ei | Le on | e ntsch uldi gen. | I ch | h abe | gele rnt, | da ss | es | bess er | is t, | nic ht | au f | an dere | z u | hör en. | In | Z uk un ft | we rde | i ch | mir | mei ne | e ige ne | Me inun g | b ilden.

	g	n	ü
Schließlich wurde Leon von der Polizei aus dem Fantasy geholt.	☒	☐	☐
Auch an die Lehrerin stellte Bettina einige Fragen.	☐	☐	☒
In Zukunft werde ich mir selbst eine Meinung bilden.	☐	☒	☐
Ich habe mich gründlich geirrt und will mich bei Leon entschuldigen.	☐	☒	☐

Der Weg zur besseren Note

Verstehen – Üben – Testen – Nachschlagen – Bessere Noten

Dieser Button zeigt bei jeder Produktreihe an, auf welcher Lernphase der Schwerpunkt liegt.

Biberleicht lernen

Die „Biberleicht"-Hefte bereiten optimal auf die Schule vor.

Training

Infokästen wiederholen Grundlagen und vielfältige Aufgaben motivieren zum Üben.

Lernzielkontrollen

Authentische Lernzielkontrollen zur Überprüfung der wichtigsten Inhalte des jeweiligen Schuljahres.

VERA 3

Abwechslungsreiches Trainingsmaterial zur Vorbereitung auf die bundesweiten Vergleichsarbeiten in der 3. Klasse.

Training Übertritt

Zur Vorbereitung auf den Probeunterricht und den Übertritt an weiterführende Schulen.

Und vieles mehr auf www.stark-verlag.de

Für einen starken Start in der weiterführenden Schule

Training Unterstufe

Unterrichtsrelevantes Wissen schülergerecht präsentiert. Übungsaufgaben mit Lösungen sichern den Lernerfolg.

STARK in Klassenarbeiten

Schülergerechtes Training wichtiger Themenbereiche für mehr Lernerfolg und bessere Noten.

Klassenarbeiten

Praxisnahe Übungen für eine gezielte Vorbereitung auf Klassenarbeiten.

Kompakt-Wissen

Kompakte Darstellung des wichtigen Wissens zum schnellen Nachschlagen und Wiederholen.

Lektüren

Spannende Geschichten, sprachlich den Kenntnissen der jeweiligen Klassenstufe angepasst.

Und vieles mehr auf www.stark-verlag.de

27-V_GS

www.stark-verlag.de

STARK